Langenscheidt

Schreibtraining
Deutsch für den Beruf

Fit in der schriftlichen Kommunikation

von Helga Kispál

Langenscheidt

München · Wien

Herausgegeben von der Langenscheidt-Redaktion

Autorin: Helga Kispál

Design & Layout: Guter Punkt, München
Bildredaktion: Guter Punkt, München
Umschlaggestaltung: KW 43 BRANDDESIGN, Düsseldorf

Bildnachweis:
istock: BraunS: S. 4
shutterstock: Africa Studio: S. 20 Berufskraftfahrerin, S. 20 Malerin / Aleksei Bezrodniy: S. 54, S. 56 / AlenD:
S. 8, S. 10 / Alexander Raths: S. 20 Altenpflegerin /caifas: S. 20 Installateur / Corepics VOF: S. 20 Mechaniker /
Dancestrokes: S. 24 / Dmitry Kalinovsky: S. 20 Verkäufer, S. 27 / DVARG: S. 50 / ESB Professional: S. 20 Elektroniker,
S. 35 Zettel / Golden Pixels LLC: S. 20 Kellnerin / Jacob Lund: S. 32 / jakkapan: S. 11 / Monkey Business Images:
S. 20 Krankenpfleger / Nejron Photo: S. 20 Maschinen- und Anlagenführerin / Photographee.eu: S. 28 / pixelaway:
S. 60 / PR Image Factory: S. 20 Metallbauerin / Rawpixel.com: S. 61 / Robert Kneschke: S. 36 / sculpies: S. 20
Dachdecker / Solis Images: S. 20 Gärtnerin / STILLFX: S. 64, S. 65 / Sunny studio: S. 52 / Syda Productions: S. 18,
S. 20 Schreiner / tommaso79: S. 20 Schneider / TunedIn by Westend61: S. 20 Lagerist / wavebreakmedia: S. 20
Koch, Bäcker / YAKOBCHUK VIACHESLAV: S. 20 Friseurin
thinkstock: Blankstock: S. 53, S. 58 / DamianPalus: S. 35 Pin / Highwaystarz-Photography: S. 40 / LiudmylaSupynska:
S. 20 Tierpfleger

Ergänzende Hinweise, für die wir jederzeit dankbar sind, bitten wir zu richten an:
Langenscheidt GmbH & Co. KG, Neumarkter Straße 61, 81673 München
kundenservice@langenscheidt.de

www.langenscheidt.com

© 2017 Langenscheidt GmbH & Co. KG, München
Satz: Guter Punkt GmbH & Co. KG, München
Druck und Bindung: Druckerei C. H. Beck, Nördlingen

ISBN 978-3-468-48983-9

Inhalt

Einführung   4

SCHREIBTRAINING

1 **Der Lebenslauf**   8

2 **Formulare ausfüllen**   12

3 **Interessen und Stärken**   16

4 **Berufe und Tätigkeiten**   20

5 **Das Anschreiben**   24

6 **Die Betriebsvorstellung**   28

7 **Absprachen und Termine**   32

8 **Aufträge**   36

9 **Der Praktikumsbericht**   40

10 **Verträge**   44

PRÜFUNGSVORBEREITUNG

11 **Informationen zum Prüfungsteil Schreiben**   48

12 **Prüfungsvorbereitung telc Deutsch A2+ Beruf**   56

13 **Prüfungsvorbereitung telc Deutsch B1+ Beruf**   60

14 **Prüfungsvorbereitung DSD I PRO**   64

Lösungen   66

Herzlich willkommen!

Sie unterrichten Deutsch als Zweitsprache an einer Berufsschule, an einem Berufskolleg, in einem Integrations- oder Berufssprachkurs und suchen ein Schreibtraining für berufsbezogene Themen? Sind Ihre Lerner gerade dabei, sich beruflich zu orientieren? Machen Ihre Lerner demnächst ein Praktikum in einem Betrieb und sind auf der Suche nach einem Ausbildungsplatz? Dieses Material bietet vielfältige authentische Schreibanlässe, um Deutschlerner beim Einstieg in Ausbildung und Beruf zu unterstützen.

Das Schreibtraining umfasst zehn praxisrelevante berufsbezogene Themen auf dem Niveau A2/B1. Die Themen orientieren sich an den Bedürfnissen von jungen erwachsenen Lernern, die sich in Deutschland beruflich neu orientieren und/oder einen Ausbildungsplatz suchen. So üben die Lerner z.B. einen Lebenslauf zu erstellen, sie reflektieren über ihre Stärken und Interessen, sie erstellen ein Bewerbungsschreiben oder sie melden sich über ein Online-Formular bei einer Berufsschule an.

Darüber hinaus bereiten vier Lektionen auf berufsbezogene Deutschprüfungen vor. Durch ein Zertifikat über eine berufsbezogene Prüfung können Lerner ihre Chancen auf dem Arbeitsmarkt deutlich erhöhen.

Ziele des Schreibtrainings

→ Textkompetenz entwickeln

Um die Schreibkompetenz zu entwickeln, ist es sinnvoll, auch das Verständnis von Texten zu trainieren. Verschiedene Textsorten kommen dabei zum Einsatz: Lebenslauf, Online-Formular, Stellenanzeigen, Fragebogen zur Selbsteinschätzung, Bewerbungsanschreiben, Betriebsvorstellung, E-Mails, Notizen, Aufträge, Verträge, Praktikumsbericht oder ein Beitrag für ein Leserforum. Die Beschäftigung mit berufsbezogenen Texten hilft den Lernern dabei, sich auf schriftliche Anforderungen in Ausbildung und Beruf vorzubereiten.

→ Schreibfertigkeit entwickeln

Häufig steht im DaF-/DaZ-Unterricht nicht ausreichend Zeit zum Ausbau der Schreibfertigkeit zur Verfügung. Viele Lerner können sich auf dem Niveau A2/B1 schon angemessen mündlich äußern, haben aber noch große Schwierigkeiten beim Schreiben. In Ausbildung und Beruf stehen sie dadurch oft vor großen Hürden. Ziel dieses Übungsheftes ist es daher, anhand von authentischen Schreibanlässen den Aufbau und die logische Struktur von Texten zu verstehen und somit schrittweise die Schreibfertigkeit der Lerner auszubauen.

→ Prüfungsvorbereitung

Aktuell gibt es für das Niveau A2/B1 folgende berufsbezogene Deutschprüfungen: telc Deutsch A2+ Beruf, telc Deutsch B1+ Beruf sowie das Deutsche Sprachdiplom DSD I PRO A2/B1. In Lektion 11 finden Sie allgemeine Informationen zum Prüfungsteil Schreiben. Sie finden Übersichten über wichtige Redemittel und Beispieltexte zu den in den Prüfungen behandelten Textsorten wie Brief, E-Mail, Notiz, Kurzmitteilung oder Beitrag in einem Leserforum. Die Lektionen 12-14 bieten jeweils einen Modelltest mit einem Lösungsvorschlag im Anhang.

Aufbau einer Lektion

Innerhalb des Buches gibt es eine Progression, die sich an den behandelten Inhalten orientiert. Mehdi Ansari, ein junger Mann aus Afghanistan, erstellt in der ersten Lektion einen Lebenslauf. Er besucht zu dem Zeitpunkt eine Berufsintegrationsklasse an einer Berufsschule in Bayern. Er ist gerade dabei, sich beruflich zu orientieren. Was sind seine beruflichen Interessen, wo liegen seine Stärken? Medhi Ansari wird ein Betriebspraktikum machen und seinen Mitschülern davon berichten. Er wird sich auf ein Ausbildungsangebot bewerben und einen Berufsausbildungsvertrag unterschreiben. Schließlich wird er sich auch an einer Berufsschule anmelden.

Anhand dieser inhaltlichen Stationen von Mehdi Ansari werden zahlreiche authentische Schreibanlässe vorgestellt.

Das Buch umfasst insgesamt 10 thematisch abgeschlossene Lektionen zum Schreibtraining. Jede Lektion besteht dabei aus vier Seiten.

Das Prinzip des Schreibtrainings ist einfach und klar: die Schreibkompetenz des Lerners wird in 3 Schritten aufgebaut:

1. rezeptiv: einen Text verstehen
2. semi-produktiv: einen Text mit Hilfestellung schreiben
3. produktiv: einen Text selbstständig schreiben

1 rezeptiv – Texte verstehen

Der erste Schritt des Schreibtrainings besteht darin, einen unbekannten Text zu verstehen. Verschiedene Übungstypen unterstützen den Lerner dabei, die Bedeutung des Textes zu erschließen. So gibt es Übungen, die das globale Textverständnis überprüfen. In anderen Übungen sollen die Lerner bestimmte Informationen aus dem Text heraussuchen. Wortschatzübungen vermitteln die Bedeutung von neuem Wortschatz. Redemittel zu verschiedenen Sprechabsichten werden bewusst gemacht und systematisch gegenübergestellt. Außerdem werden besondere sprachliche Strukturen aus dem Text aufgegriffen und geübt.

2 semi-produktiv – Text mit Hilfestellung schreiben

Im zweiten Schritt geht es darum, einen vorhandenen Text zu ergänzen. So sollen z.B. die passenden Begriffe in einen Lückentext eingefügt werden. Dabei können die Begriffe in einem Kasten zur Auswahl bereit stehen. Etwas schwieriger ist es, einen Lückentext ohne vorgegebene Begriffe zu ergänzen.

3 produktiv – Text selbstständig schreiben

Im dritten Schritt sollen die Lerner selbstständig einen eigenen Text schreiben. Die Texte, Redemittel und Strukturen aus den vorangegangenen Übungen bieten dafür eine hilfreiche Vorlage. Die Lerner werden in diesem Schritt häufig dazu aufgefordert, einen persönlichen Text zu verfassen. Hier trainieren die Lerner z.B. einen eigenen Lebenslauf zu verfassen. Sie reflektieren über ihre persönlichen Stärken, stellen ihren Traumberuf vor oder erstellen eine Vorlage für einen persönlichen Praktikumsbericht.

SCHRITT 1: REZEPTIV – TEXT VERSTEHEN

SCHRITT 2: SEMI-PRODUKTIV – TEXT MIT HILFESTELLUNG ERSTELLEN

SCHRITT 3: PRODUKTIV – TEXT SELBSTSTÄNDIG SCHREIBEN

Wie funktionieren die Übungen?

Übung zum Textverständnis

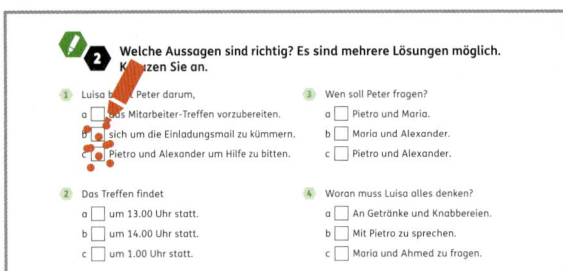

Lesen Sie zuerst die Fragen, dann lesen Sie noch einmal den Text aus der Übung zuvor. Welche Aussagen sind richtig? Kreuzen Sie die richtige Lösung an. Es kann auch mehrere richtige Lösungen geben.

Wortschatzübung

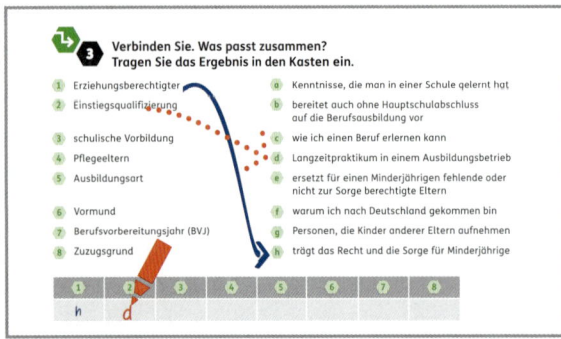

Welche Erklärung passt zu dem Wort? Ziehen Sie eine Linie vom Wort zur richtigen Erklärung.
Tragen Sie dann im Kasten den passenden Buchstaben ein.

Übung zu Redemitteln

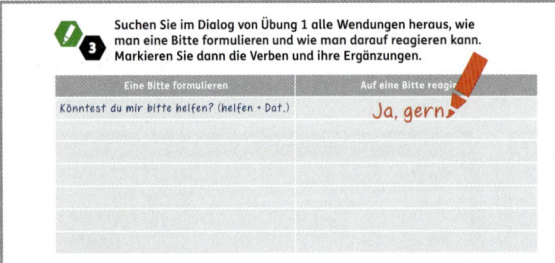

Wie kann man eine Bitte ausdrücken? Und mit welchen Wendungen kann man auf eine Bitte reagieren? Lesen Sie den Text aus der Übung zuvor noch einmal und suchen Sie alle passenden Wendungen heraus.
Tragen Sie die Wendungen in die Tabelle ein. Schreiben Sie das Verb und seine Ergänzung in Klammern.

Was bedeuten die Symbole?

 Lesen Sie den Text.

 Verbinden Sie das Wort und die passende Erklärung. Tragen Sie den richtigen Buchstaben in den Kasten ein.

 Schreiben Sie. / Kreuzen Sie die richtige Lösung an. Falls es einen Kasten gibt, streichen Sie das Wort dort durch.

Übung zu sprachlichen Strukturen

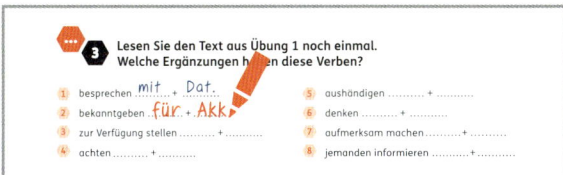

Welche Präposition folgt nach diesen Verben? Haben die Verben eine Ergänzung im Dativ oder im Akkusativ? Lesen Sie den Text aus der Übung zuvor noch einmal und suchen Sie diese Verben heraus.
Tragen Sie dann die passende Präposition und die passende Ergänzung ein.

Lückentextübung

Lesen Sie zuerst den Text. Welches Wort passt in die Lücke? Suchen Sie das richtige Wort im Kasten und schreiben Sie es in die Lücke. Streichen Sie das Wort im Kasten durch.

Freie personalisierte Übung

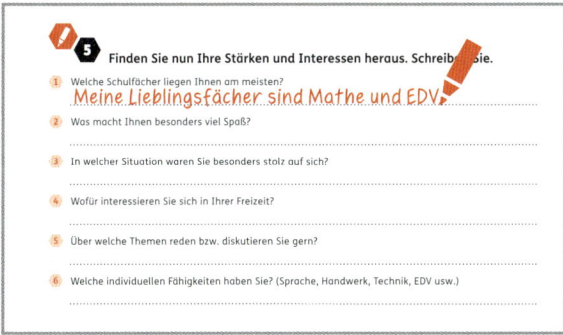

Bei dieser Übung gibt es nur individuelle Antworten. Schreiben Sie Ihre persönliche Antwort. Im Lösungsteil finden Sie einen Vorschlag für eine individuelle Lösung.

Viel Spaß und Erfolg beim Unterricht und beim Deutschlernen wünschen
Ihnen die Autorin Helga Kispál und Ihre Langenscheidt-Redaktion.

 Ergänzen Sie das passende Wort im Lückentext / in der Tabelle.
Falls es einen Kasten gibt, streichen Sie das Wort dort durch.

TIPP **Hier finden Sie zusätzliche Informationen zum Thema**

1 Lesen Sie den Lebenslauf.

Lebenslauf

Persönliche Daten

Name:	Mehdi Ansari
Anschrift:	Hauptstr. 5, 82210 Germering
Telefon:	01521 4083251
E-Mail:	mehdiansari2017@gmail.com
Geburtsdatum/-ort:	10.02.1998, Kandahar-Afghanistan
Staatsangehörigkeit:	afghanisch
Familienstand:	ledig
Einreise nach D.:	09.09.2015
Sprachen:	Persisch (Muttersprache), Englisch (A2), Deutsch (B1)

Praktika/Berufserfahrung

11/2016	Kfz-Mechatroniker-Praktikum im Autohaus Rauscher, Olching • Ölfilter-und Reifen wechseln • Reifendruck überprüft
08/2016	Lagerist – Praktikum bei Rewe, Fürstenfeldbruck • Regale einräumen / Waren auf Haltbarkeit geprüft • Preisauszeichnung der Waren
09/2010–05/2015	Helfer im landwirtschaftlichen Familienbetrieb • Anbauen von Obst und Gemüse • Verkauf von Obst und Gemüse

Schulbildung

seit März 2016	Berufsintegrationsklasse an der Staatlichen Berufsschule, Fürstenfeldbruck; Fächer: Mathematik, Deutsch, GSE, AWT, Sport, Abschluss: voraussichtlich Juli 2017 mit qualifizierendem Hauptschulabschluss und Sprachzertifikat Deutsch Niveau B2
09/2006–08/2015	Grund- und Mittelschule, Kandahar

Weitere Kenntnisse und Fähigkeiten

EDV	Microsoft Office (Grundkenntnisse)
Technik	Fahrrad-Reparaturen

Germering, Mai 2017

Mehdi Ansari

2 Ergänzen Sie. Was gehört zu den persönlichen Angaben?

1		Mehdi Ansari
2	Anschrift	
3	Telefon	
4		mehdiansari2017@gmail.com
5	Geburtsdatum/-ort	
6		afghanisch
7		ledig
8		09.09.2015
9	Sprachen	

3 Verbinden Sie. Was passt zusammen?
Tragen Sie das Ergebnis in den Kasten ein.

1	Kandahar		a	Schulbildung
2	Microsoft Office		b	Sprachen
3	ledig		c	Staatsangehörigkeit
4	Kfz-Mechatroniker		d	Geburtsort
5	Persisch		e	weitere Kenntnisse
6	mehdiansari2017@gmail.com		f	Familienstand
7	Berufsintegrationsklasse		g	E-Mail
8	afghanisch		h	Praktikum

1	2	3	4	5	6	7	8
d							

4 Kreuzen Sie an. Was gehört *nicht* in einen Lebenslauf?

1	☐ Name	4	☐ Religion	7	☐ Schulbildung
2	☐ Berufserfahrung	5	☐ Gesundheit/Krankheit	8	☐ Anschrift
3	☐ Sprachen	6	☐ Familienstand	9	☐ Eltern/Geschwister

5 Ergänzen Sie den Lebenslauf.

Lebenslauf

1 .... **Daten**

Name:	Mehdi **2** ....
Anschrift:	**3** ....
Telefon:	01521 4083251
4 ....:	mehdiansari2017@gmail.com
Geburtsdatum/-ort:	**5** ...., Kandahar-Afghanistan
Staatsangehörigkeit:	afghanisch
Familienstand:	**6** ....
7 ....:	09.09.2015
Sprachen:	Persisch (Muttersprache), Englisch (A2), **8** ....

Praktika/Berufserfahrung

11/2016　　Kfz-Mechatroniker-Praktikum im **9** ...., Olching
- Ölfilter-und Reifen wechseln
- Reifendruck überprüft

08/2016　　**10** ....– Praktikum bei Rewe, Fürstenfeldbruck
- Regale einräumen / Waren auf Haltbarkeit geprüft
- Preisauszeichnung der Waren

11 ....–**05/2015**　　Helfer im **12** .... Familienbetrieb
- Anbauen von Obst und Gemüse
- Verkauf von Obst und Gemüse

Schulbildung

seit März 2016　　Berufsintegrationsklasse an der **13** ....,
Fürstenfeldbruck; Fächer: Mathematik, **14** ...., GSE, AWT,
Sport, Abschluss: voraussichtlich **15** .... mit
qualifizierendem **16** .... und
Sprachzertifikat Deutsch Niveau B2

09/2006–08/2015　　Grund- und **17** ...., Kandahar

Weitere Kenntnisse und Fähigkeiten

EDV　　Microsoft Office (**18** ....)

19 ....　　Fahrrad-Reparaturen

Germering, Mai 2017

Mehdi Ansari

6 **Schreiben Sie Ihren Lebenslauf.**

Lebenslauf

Persönliche Daten

Name:	....
Anschrift:	....
Telefon:	....
E-Mail:	....
Geburtsdatum/-ort:	....
Staatsangehörigkeit:	....
Familienstand:	....
Einreise nach D.:	....
Sprachen:	....

Praktika/Berufserfahrung

....
  • ....
  • ....

....
  • ....
  • ....

....
  • ....
  • ....

Schulbildung

seit ....
....
....
....
....

Weitere Kenntnisse und Fähigkeiten

....
....

.... (Ort, Monat, Jahr)

.... (Unterschrift nicht vergessen)

1

Ergänzen Sie das Formular.

> mehdiansari2017@gmail.com   10.02.1998   01521 4083251   Hauptstr. 5
>
> afghanisch   Mehdi   82210 Germering   ledig   Ansari

Online-Anmeldung zur Berufsschule / zum Berufskolleg

Feld	Nr.	Eingabe
Familienname	1	
ggf. Geburtsname	2	
Vorname	3	
Geschlecht	4	m ○ w ○
Geburtsdatum	5	
Familienstand	6	
Anschrift bei c/o	7	
Straße, Hausnr.	8	
PLZ, Ort	9	
Staatsangehörigkeit	10	
Telefon	11	12 ○ privat ○ dienstlich
E-Mail	13	

TIPP

Nach den allgemeinen Basisdaten zur Person, die Sie auch aus dem Lebenslauf kennen, sind noch weitere Informationen notwendig. Die Felder, die mit einem * gekennzeichnet sind, müssen ausgefüllt werden.

2 **Lesen Sie die Auszüge aus dem Formular.**

I. Schüler

Bei nicht in BRD geborenen Schülern: Zuzugsgrund

* bitte auswählen ▾

Aussiedler

Ausländer (nicht Asylbewerber)

Asylbewerber (anerkannt)

Asylbewerber (geduldet)

Asylbewerber

Kriegsflüchtling

Flüchtling

sonstiger Zuzug

II. Erziehungsberechtigte

Art des Erziehungsberechtigten

bitte auswählen ▾

Eltern

nur Mutter

nur Vater

Verwandter

Pflegeeltern

Vormund

keine (volljährig)

III. Berufsausbildung/-tätigkeit

Ausbildungsberuf

bitte auswählen ▸

Ausbildungsart

bitte auswählen ▾

Ausbildung mit Ausbildungsvertrag

Berufsgrundschuljahr (schulisch)

Berufsvorbereitungsjahr (BVJ)

ohne Ausbildungsvertrag

Einstiegsqualifizierung (EQ)

Umschulung mit Vertrag

IV. Schulische Daten

Schulische Vorbildung

* bitte auswählen ▾

erfolgreiche Schulpflicht ohne Abschluss

Abschluss Schule individuelle Lernförderung

Hauptschule ohne Quali

Hauptschule mit Quali

Mittlerer Schulabschluss

Fachgebundene Fachhochschulreife

Fachhochschulreife

sonstige Abschlüsse

**Verbinden Sie. Was passt zusammen?
Tragen Sie das Ergebnis in den Kasten ein.**

1 Erziehungsberechtigter	**a**	Kenntnisse, die man in einer Schule gelernt hat
2 Einstiegsqualifizierung	**b**	bereitet auch ohne Hauptschulabschluss auf die Berufsausbildung vor
3 schulische Vorbildung	**c**	wie ich einen Beruf erlernen kann
4 Pflegeeltern	**d**	Langzeitpraktikum in einem Ausbildungsbetrieb
5 Ausbildungsart	**e**	ersetzt für einen Minderjährigen fehlende oder nicht zur Sorge berechtigte Eltern
6 Vormund	**f**	warum ich nach Deutschland gekommen bin
7 Berufsvorbereitungsjahr (BVJ)	**g**	Personen, die Kinder anderer Eltern aufnehmen
8 Zuzugsgrund	**h**	trägt das Recht und die Sorge für Minderjährige

1	2	3	4	5	6	7	8
h							

Beantworten Sie die Fragen.

1 Was ist ein Zuzugsgrund?

....

....

....

2 Welche schulische Vorbildung ist möglich?

....

....

....

3 Was ist eine Einstiegsqualifizierung?

....

....

....

4 Welche Ausbildungsarten gibt es an der Berufsschule?

....

....

TIPP

Sehr oft werden in Formularen Abkürzungen verwendet, anbei einige Erklärungen:

ggf. – gegebenenfalls, **m.** – männlich, **w.** – weiblich, **c/o** – bei anderen Mietern zu erreichen, **PLZ** – Postleitzahl, **außerh.** – außerhalb, **RS** – Realschule, **BS** – Berufsschule, **VS** – Vorschule, **sonderpäd.** – sonderpädagogisch

5   **Füllen Sie nun Ihre eigene Online-Anmeldung aus.**

Onlineanmeldung – Staatliche Be...
www.berufsschule-anmeldung.de

Anmelden

Online-Anmeldung zur Berufsschule / zum Berufskolleg

Familienname	1	
ggf. Geburtsname	2	
Vorname	3	
Geschlecht	4	m ⭕ w ⭕
Geburtsdatum	5	
Familienstand	6	
Anschrift bei c/o	7	
Straße, Hausnr.	8	
PLZ, Ort	9	
Staatsangehörigkeit	10	
Telefon	11	12 ⭕ privat ⭕ dienstlich
E-Mail	13	
Religion	14	
Schulabschluss	15	
Ausbildungsberuf	16	
Ausbildungsbetrieb	17	
Ausbildungsbeginn	18	

1 Lesen Sie die Ausbildungsangebote.

1 Altenpfleger (m/w)

Ausbildungsbeginn: 01. September 2017

Das machen und lernen Sie bei uns

Altenpfleger/innen (staatlich anerkannt) sind selbstständig und eigenverantwortlich tätige Fachkräfte in der Begleitung und Unterstützung von Menschen im Alter. Sie planen, organisieren und führen alle notwendigen medizinischen, pflegerischen und sozialen Hilfen durch.

Was Sie mitbringen sollten (Anforderungen)
→ Teamfähigkeit und Einfühlungsvermögen
→ Engagement und Verantwortungsbewusstsein im Umgang mit Menschen mit Behinderungen
→ ausgeprägtes Interesse an der Pflegearbeit

Ausbildungsdauer: 3 Jahre

2 Kaufmann im Einzelhandel (m/w)

Ausbildungsbeginn: 01. September 2017

Das machen und lernen Sie bei uns

→ Umgang mit Kunden
→ Einkauf & Verkauf von Produkten
→ Fachwissen im Lebensmittelbereich
→ Verantwortung für Sie und Ihre Kollegen übernehmen

Was Sie mitbringen sollten (Anforderungen)

→ Aufgeschlossenheit
→ Geschick im Umgang mit Menschen
→ Engagement und Verantwortungsbewusstsein
→ Kommunikationsfähigkeit
→ Interesse für Produkt-Palette

Ausbildungsdauer: 2-3 Jahre

3 Ausbildungsplatz zum Metallbauer (m/w)

Das bieten wir Ihnen:

Eine interessante und anspruchsvolle Ausbildung in einem familiären und zukunftsorientierten Unternehmen. In der Ausbildung zum Metallbauer mit der Fachrichtung Konstruktionstechnik arbeiten Sie hauptsächlich in unseren Werkstätten, sind aber auch häufig beim Kunden vor Ort. Es erwarten Sie eine flexible 40-Stunden-Woche und gelegentliche Dienstreisen.

Das wünschen wir uns von Ihnen:

→ mindestens einen Hauptschulabschluss
→ Interesse an den Fächern Werken oder Gestalten
→ Sorgfältigkeit
→ Pünktlichkeit und Genauigkeit
→ handwerkliches Geschick und Kreativität

Ausbildungsdauer: 3 Jahre

4 Ausbildung 2017 Fachlagerist/-in

Wer wir sind:

ein führendes Großhandelsunternehmen für Elektrotechnik. Wir kaufen Güter bei Herstellern bzw. Lieferanten und verkaufen diese an Handel, Handwerk und Industrie. Die Prüfung des Wareneingangs und der Lagerbestände, die Bestellung von Waren und das Planen der Warenauslieferung gehören zu den täglichen Aufgaben des Unternehmens. Von der Angebotseinholung über die Lagerung bis zum Verkauf sorgen unsere Mitarbeiter für einen optimalen Ablauf.

Ihr Profil:

→ Selbstständigkeit, Eigeninitiative und Einsatzbereitschaft
→ Teamgeist und Engagement
→ Begeisterung für unser Produkt Portfolio aus dem Bereich Elektrotechnik
→ mindestens guter Hauptschulabschluss

Ausbildungsbeginn: 01.09.2017

2

Welche Erklärung passt zu den Begriffen? Verbinden Sie.

1. Teamfähigkeit
2. Zuverlässigkeit
3. Kritikfähigkeit
4. Lernbereitschaft
5. Selbstbewusstsein
6. Belastbarkeit
7. Kontaktfreudigkeit
8. Sorgfältigkeit
9. Aufgeschlossenheit
10. Verantwortungsbewusstsein
11. Zielstrebigkeit
12. Kreativität

a. Ich bleibe bei einer Aufgabe, bis ich fertig bin. Das wissen andere Menschen.

b. Ich gehe mit Gegenständen achtsam um und arbeite ordentlich und genau.

c. Ich bin mir meiner Aufgaben bewusst und erledige Aufgaben pünktlich und korrekt.

d. Ich bin bereit, mich mit jemandem sachlich und objektiv auseinanderzusetzen.

e. Ich interessiere mich für andere Menschen. Es fällt mir leicht auf sie zuzugehen.

f. Was ich mir vorgenommen habe, bringe ich zu Ende.

g. Mit Schwierigkeiten, Problemen und Zeitdruck kann ich umgehen.

h. Ich weiß, was ich kann und was ich will.

i. Ich habe viele Ideen und probiere gern Neues aus.

j. Wenn ich etwas falsch gemacht habe, kann ich Fehler einsehen.

k. Ich lerne gern und schnell Neues, bin offen für Lern- und Arbeitsinhalte.

l. Ich bin bereit, produktiv und konstruktiv mit anderen Menschen in Gruppen zu arbeiten.

1	2	3	4	5	6	7	8	9	10	11	12
l											

3

Welche Interessen und Stärken finden Sie in den Anzeigen? Ergänzen Sie.

Interessen	Stärken
Pflegearbeit	

3 Interessen und Stärken

4 **Was sind persönliche, soziale und fachliche Stärken? Ergänzen Sie.**

Persönliche Stärken	Soziale Stärken	Fachliche Stärken

5 **Finden Sie nun Ihre Stärken und Interessen heraus. Schreiben Sie.**

1 Welche Schulfächer liegen Ihnen am meisten?

....

2 Was macht Ihnen besonders viel Spaß?

....

3 In welcher Situation waren Sie besonders stolz auf sich?

....

4 Wofür interessieren Sie sich in Ihrer Freizeit?

....

5 Über welche Themen reden bzw. diskutieren Sie gern?

....

6 Welche individuellen Fähigkeiten haben Sie? (Sprache, Handwerk, Technik, EDV usw.)

....

6 Entscheiden Sie. Was können Sie gut? Kreuzen Sie an.

	schlecht	1	2	3	4	5	sehr gut

Ich gehe mit Gegenständen achtsam um und arbeite ordentlich und genau.

Ich interessiere mich für andere Menschen. Es fällt mir leicht auf sie zuzugehen.

Ich habe viele Ideen und probiere gern Neues aus.

Ich bin mir meiner Aufgaben bewusst und
erledige Aufgaben pünktlich und korrekt.

Was ich mir vorgenommen habe, bringe ich zu Ende.

Ich kann gut rechnen.

Ich kann Sachen gut erklären.

Mit Schwierigkeiten, Problemen und Zeitdruck kann ich umgehen,
ich behalte einen klaren Kopf.

Wenn mir etwas erklärt wird, verstehe ich schnell.

Am PC kenne ich mich gut mit Microsoft Office® aus.

Ich schreibe gern und kann mich gut ausdrücken.

Ich verstehe schnell technische Zusammenhänge.

Ich arbeite gern allein und bitte nicht um Hilfe.

Ich kann anderen Menschen gut zuhören.

Mit Kritik kann ich gut umgehen, Vorschläge nehme ich an und
versuche, es das nächste Mal besser zu machen.

Ich arbeite gern mit Materialien aus Holz.

Ich kann gut mit Tieren umgehen.

Ich kann gut mit elektrischen Geräten umgehen.

Ich kann gut kochen und koche gern.

7 Nennen Sie Ihre wichtigsten Stärken.

....

....

....

....

....

Jetzt können Sie sich überlegen, welche Berufsgruppe bzw. welcher Beruf am besten zu Ihnen passt.

Aber das ist das Thema der nächsten Lektion.

1 Sortieren Sie die Berufe nach Berufsgruppen.
Ergänzen Sie die Tabelle unten.

Friseur/in

Tierpfleger/in

Berufskraftfahrer/in

Schneider/in

Koch/Köchin

Bäcker/in

Dachdecker/in

Maschinen- und
Anlagenführer/in

Schreiner/in

Elektroniker/in

Altenpfleger/in

Mechaniker/in

Gärtner/in

Krankenpfleger/in

Kellner/in

Installateur/in

Metallbauer/in

Verkäufer/in

Maler/in

Lagerist/in

Dienstleistungen	Handwerk	Natur/Umwelt	Industrie	Gesundheit
Friseur/in				

**2 Welche Tätigkeit passt zu welchem Beruf? Verbinden Sie.
Tragen Sie das Ergebnis in den Kasten ein.**

1	Altenpfleger	a	kranke Menschen betreuen, beobachten, pflegen
2	Koch	b	prüfen, instand halten, konfigurieren, herstellen
3	Bäcker	c	reparieren, dichten, herstellen, abdecken
4	Gärtner	d	Maschinen führen, sortieren, lagern, verpacken
5	Maschinen-und Anlagenführer	e	dekorieren, bedienen, beraten, kassieren
6	Mechaniker	f	einsortieren, verkaufen, beraten, prüfen
7	Friseur	g	montieren, reparieren, installieren, prüfen
8	Schreiner	h	Lebensmittel einkaufen, Speisepläne erstellen, kochen, braten
9	Fachkraft für Gastgewerbe	i	pflegen, unterstützen, begleiten, motivieren
10	Verkäufer	j	beraten, verarbeiten, hobeln, sägen
11	Lagerist	k	herstellen, entwerfen, nähen, zuschneiden
12	Installateur	l	glasieren, backen, wiegen, Zutaten mischen
13	Maler	m	gestalten, Parkanlagen pflegen, Bäume pflanzen
14	Tierpfleger	n	montieren, verarbeiten, zuschneiden, schweißen
15	Krankenpfleger	o	Fahrzeuge führen, transportieren, kontrollieren
16	Schneider	p	überprüfen, Maschinen warten und bedienen
17	Elektroniker	q	beraten, schneiden, pflegen, rasieren
18	Berufskraftfahrer	r	Tiere pflegen, versorgen, betreuen, Ställe reinigen
19	Metallbauer	s	Bauteile zusammenbauen, prüfen, reparieren, austauschen
20	Dachdecker	t	verputzen, anstreichen, reinigen, beschichten

1	2	3	4	5	6	7	8	9	10
i									

11	12	13	14	15	16	17	18	19	20

3 **Welche Arbeitsbedingungen sind wichtig für Sie? Kreuzen Sie an.**

1 Wie erreichen Sie Ihren Arbeitsplatz?

☐ zu Fuß ☐ mit öffentlichen Verkehrsmitteln ☐ mit dem Fahrrad

2 Wo arbeiten Sie gern?

☐ im Freien ☐ in Räumen oder Hallen ☐ sowohl als auch

3 Wann möchten Sie arbeiten?

☐ früh ☐ nachmittags ☐ nachts

4 Ich bin bereit,

☐ an Wochenenden zu arbeiten ☐ Überstunden zu machen ☐ auf Dienstreisen zu sein

5 Wie arbeiten Sie gern?

☐ im Team ☐ allein ☐ sowohl als auch

4 **Ergänzen Sie den Text.**

| abwechslungsreiche Geschick Autos Überstunden Technik |
| Verdienst selbstständig etwas leisten Fahrrad |
| handwerkliches Geschick Mathematik Halle in Schichten Team |

Mein absoluter Traumberuf ist der Kfz-Mechatroniker. Schon als kleiner Junge interessierte ich mich für Autos. Ich habe später mit Freunden an **1** .... herumgeschraubt, dadurch hat sich mein **2** .... und mein Verständnis für **3** .... ausgeprägt. In der Schule war ich schon immer in **4** .... und Technik sehr gut. Jetzt arbeite ich in diesem Beruf und habe eine **5** .... Arbeit. Ich kann **6** .... arbeiten, aber auch im **7** .... Mit dem **8** .... brauche ich nur 15 Minuten zur Arbeit. Wir arbeiten in einer großen **9** ...., nicht im Freien. Unsere Werkstatt hat auch samstags geöffnet und ab und zu muss ich auch **10** .... machen. Aber das ist für mich kein Problem, da wir nicht **11** .... arbeiten. Nicht zuletzt bin ich mit meinem **12** .... sehr zufrieden und kann mir immer wieder einmal **13** .... Also wenn ihr technisches und handwerkliches **14** .... habt, gut in Mathe und Technik seid, Sorgfalt mitbringt, dann wird euch dieser Beruf nicht enttäuschen.

5 **Wie stellen Sie sich Ihren Traumberuf vor? Schreiben Sie in Ihr Heft.**

Was ist Ihr Traumberuf?

Welche Tätigkeiten muss man in diesem Beruf ausüben?

Wie arbeiten Sie in diesem Beruf? (Zeit, Team)

Wo arbeiten Sie hauptsächlich in diesem Beruf?

Welche Schulfächer sind Ihnen in diesem Beruf eine Hilfe?

Warum ist das Ihr Traumberuf?

Was gefällt Ihnen besonders daran?

TIPP: Redemittel

Eine Einleitung formulieren

Am Anfang möchte ich …, (dann) …

Zuerst möchte ich …

Ich beginne damit, … zu + Infinitiv …

Ich möchte einen Einblick in … geben

Die eigene Meinung äußern

Meiner Meinung nach …

Ich sehe das so, weil …

Ich denke / glaube / meine, dass …

Ich bin der Ansicht, dass …

Die eigene Meinung begründen

Ich möchte betonen, dass …

Ich bin davon überzeugt, dass …

Hier möchte ich hervorheben, dass …

Ich halte es für wichtig, dass …

Ein Fazit ziehen

Zum Schluss möchte ich festhalten, ….

Es lässt sich also das Fazit ziehen, dass…

Zusammenfassend kann ich sagen, dass …

Für mich besteht kein Zweifel, dass …

6 **Passen Ihre Stärken (→ Lektion 3) zu Ihrem Traumberuf?
Wie sind die Arbeitsbedingungen in Ihrem Traumberuf?
Vergleichen Sie und schreiben Sie in Ihr Heft.**

Beachten Sie dabei folgende Punkte:

Arbeitsplatz; Tätigkeiten; Anforderungen; Verdienst

1 Lesen Sie die Anzeige für ein Ausbildungsangebot.

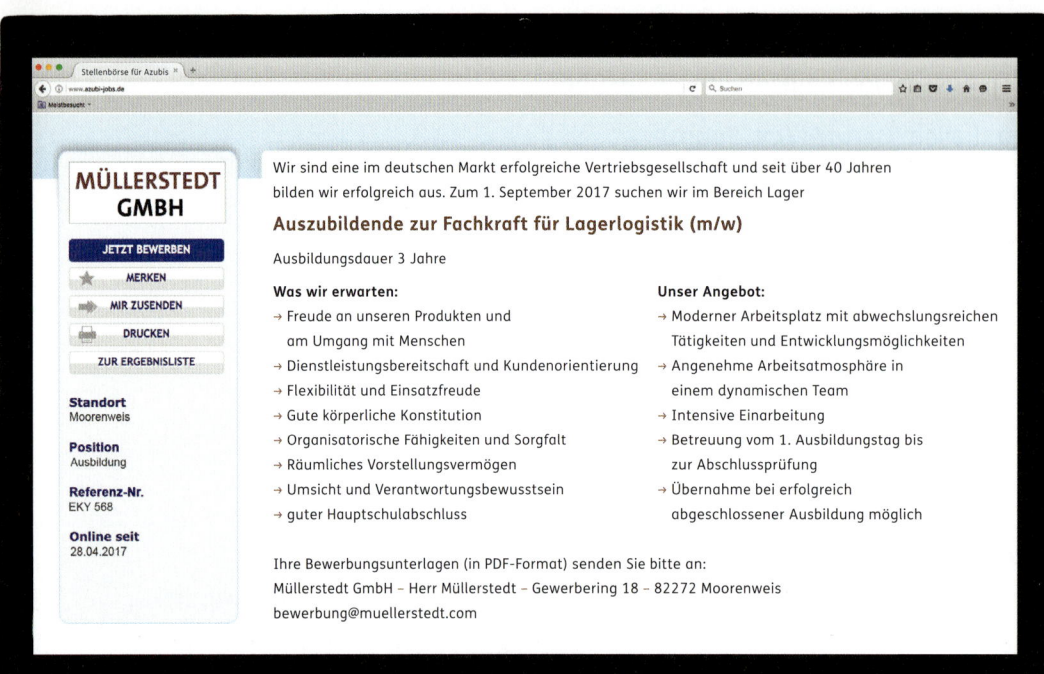

Stellenbörse für Azubis

www.azubi-jobs.de

MÜLLERSTEDT GMBH

JETZT BEWERBEN

MERKEN

MIR ZUSENDEN

DRUCKEN

ZUR ERGEBNISLISTE

Standort
Moorenweis

Position
Ausbildung

Referenz-Nr.
EKY 568

Online seit
28.04.2017

Wir sind eine im deutschen Markt erfolgreiche Vertriebsgesellschaft und seit über 40 Jahren bilden wir erfolgreich aus. Zum 1. September 2017 suchen wir im Bereich Lager

Auszubildende zur Fachkraft für Lagerlogistik (m/w)

Ausbildungsdauer 3 Jahre

Was wir erwarten:
→ Freude an unseren Produkten und am Umgang mit Menschen
→ Dienstleistungsbereitschaft und Kundenorientierung
→ Flexibilität und Einsatzfreude
→ Gute körperliche Konstitution
→ Organisatorische Fähigkeiten und Sorgfalt
→ Räumliches Vorstellungsvermögen
→ Umsicht und Verantwortungsbewusstsein
→ guter Hauptschulabschluss

Unser Angebot:
→ Moderner Arbeitsplatz mit abwechslungsreichen Tätigkeiten und Entwicklungsmöglichkeiten
→ Angenehme Arbeitsatmosphäre in einem dynamischen Team
→ Intensive Einarbeitung
→ Betreuung vom 1. Ausbildungstag bis zur Abschlussprüfung
→ Übernahme bei erfolgreich abgeschlossener Ausbildung möglich

Ihre Bewerbungsunterlagen (in PDF-Format) senden Sie bitte an:
Müllerstedt GmbH – Herr Müllerstedt – Gewerbering 18 – 82272 Moorenweis
bewerbung@muellerstedt.com

2 Welche Anforderungen muss ein Auszubildender hier mitbringen?

1 Freude an unseren Produkten und am Umgang mit Menschen
2 ....
3 ....
4 ....
5 ....
6 ....
7 ....
8 ....

3 Beantworten Sie die Fragen zur Anzeige. Schreiben Sie in Ihr Heft.

1 Wann soll die Ausbildung beginnen?

2 Wie heißt der Ausbildungsbetrieb?

3 Wann kann man nach der Ausbildung übernommen werden?

4 Lesen Sie nun das Anschreiben zur Anzeige.

Germering, 02.05.2017

Mehdi Ansari
Hauptstr. 5
82210 Germering

Müllerstedt GmbH
Herr Müllerstedt
Gewerbering 18
82272 Moorenweis

Bewerbung um den Ausbildungsplatz zur
Fachkraft für Lagerlogistik Referenznummer: EKY 568

Sehr geehrter Herr Müllerstedt,

mit großem Interesse habe ich Ihre Anzeige bei azubi-jobs.de gelesen und möchte mich als zukünftigen Auszubildenden vorstellen.

Der Beruf eines Lageristen spricht mich besonders an, weil er sehr abwechslungsreich ist und ein offener Umgang mit Menschen erwartet wird. In meinem Praktikum als Lagerist bei Rewe® konnte ich erste Eindrücke von der Arbeit sammeln. Zu meinen Aufgaben gehörte es, Regale einzuräumen und Waren auf Haltbarkeit zu prüfen. Dabei habe ich auch die Erfahrungen gewonnen, wie wichtig es ist, körperlich belastbar und flexibel zu sein, genauso wie ein hohes Verantwortungsbewusstsein zu haben.

Derzeit besuche ich die 11. Klasse der Staatlichen Berufsschule in Fürstenfeldbruck und werde im Juli 2017 voraussichtlich meinen qualifizierenden Hauptschulabschluss mit gutem Erfolg abschließen. Meine Lieblingsfächer sind AWT (Arbeit, Wirtschat, Technik) und EDV.

Mit mir bekommen Sie einen aufgeschlossenen und lernbereiten Auszubildenden.

Auf eine Einladung zu einem persönlichen Gespräch freue ich mich sehr und beantworte Ihnen gern weitere Fragen.

Mit freundlichen Grüßen

Mehdi Ansari
Mehdi Ansari

TIPP

Bei einer Online-Bewerbung gibt man am Ende die Anlagen im Anschreiben nicht an, sie werden aber im PDF-Format mitangehängt.

5 Das Anschreiben

5 Was sind die Stärken von Mehdi Ansar?
Welche Eigenschaften nennt er von sich selbst?

1 offener Umgang mit Menschen   4 ....

2 ....   5 ....

3 ....   6 ....

6 Ergänzen Sie den Text.

Sehr 1 .... Herr Müllerstedt,

mit großem 2 .... habe ich Ihre Anzeige bei azubi-jobs.de gelesen und möchte mich

als 3 .... Auszubildenden vorstellen.

Der Beruf eines Lageristen 4 ....mich besonders an, weil er sehr abwechslungsreich

ist und ein offener Umgang mit Menschen 5 .... wird. In meinem Praktikum als

Lagerist bei Rewe® konnte ich erste Eindrücke 6 .... sammeln. Zu meinen

Aufgaben gehörte es, Regale 7 .... und Waren auf Haltbarkeit zu prüfen. Dabei

habe ich auch 8 .... gewonnen, wie wichtig es ist, körperlich belastbar

und flexibel 9 .... sein, genauso wie ein hohes Verantwortungsbewusstsein zu haben.

Derzeit besuche ich die 11. Klasse der 10 .... Berufsschule in Fürstenfeldbruck und

werde im Juli 2017 voraussichtlich meinen 11 .... Hauptschulabschluss mit

gutem Erfolg abschließen. Meine Lieblingsfächer sind AWT (Arbeit, Wirtschat, Technik) und EDV.

Mit mir bekommen Sie einen 12 .... und lernbereiten Auszubildenden.

Auf eine Einladung zu einem persönlichen Gespräch 13 .... ich mich sehr und beantworte

Ihnen gern weitere Fragen.

Mit freundlichen Grüßen

Mehdi Ansari

7 Schreiben Sie nun ein Anschreiben mit den vorgegebenen Informationen. Denken Sie beim Schreiben an die Interessen und Stärken. Schreiben Sie auf ein DIN A4-Blatt.

Ausbildung zum **Drogisten**; Referenznummer: **AZY 321AC201**

Ausbildungsplatz bei:

die Drogerie für die Familie – GmbH & Co KG

Bewerber Management

Postfach 1500

80802 München

Ansprechpartner: Frau Schwerth

Interessen:

- sich für Trends in der Ernährung, Kosmetik oder Fotografie interessieren
- Interesse an Biologie und Gesundheitsthemen

Anforderungen:

- Organisationsgeschick
- Freude am Umgang mit Menschen
- Flexibilität
- Teamfähigkeit
- sehr guter Hauptschulabschluss

Unser Angebot:

- innovatives Ausbildungskonzept
- von Anfang an ein vollwertiges Mitglied im Filialteam
- übertarifliche Ausbildungsvergütung

1 Lesen Sie die Betriebsvorstellung eines Möbelhauses.

Kommen Sie doch am besten ins
Möbelhaus Sie und wir!

Unser Möbelhaus können Sie im Gewerbegebiet Südwinkel 5-10, 86098 München finden. Seit vielen Jahren zählen wir zu den Marktführern in der Möbelbranche. *Möbelhaus Sie und wir* – hinter diesem Namen steht ein Familienbetrieb, eine Polstermöbelproduktion, sechs Einrichtungshäuser und drei große Zentrallager. Und vor allem ein starkes Team mit mehr als 5.000 Mitarbeitern. Gerade wegen unserer Größe existieren wir auch nach 60 Jahren noch. Unser Slogan des Erfolgs hat sich seit Jahrzehnten bewährt: Für unsere Kunden – unsere Erfahrungen, Teamgeist und eine erstklassige Ausbildung in allen Bereichen.

Aktuell wird in 15 verschiedenen Berufen (wie z.B. Fachkraft im Gastgewerbe, Fachinformatiker, Schreiner, Verkäufer usw.) ausgebildet. Möchten Sie erste praktische Erfahrungen sammeln, vielleicht Ihren Traumberuf entdecken? Über ein Schülerpraktikum im *Möbelhaus Sie und wir* haben Sie die Chance, verschiedene Berufsfelder wie Verkauf, Mediengestaltung, Produktion, Gastronomie, Verwaltung oder Logistik kennenzulernen. Sie gewinnen Eindrücke von computergestützten Arbeitsabläufen, von der Produktpalette, von Materialien, mit denen gearbeitet wird. Das ist nicht nur Holz, wie vielleicht viele denken, sondern auch Metall, Leder und andere Stoffe.

Was wir unseren Mitarbeitern versprechen können: herausfordernde, abwechslungsreiche und anspruchsvolle Aufgaben, intensive, fundierte Einarbeitung und fachspezifische Weiterbildungen und Qualifizierungen, gutes Arbeitsklima in einem engagierten Team, gute Aufstiegsmöglichkeiten und v.a. einen sicheren Arbeitsplatz mit leistungsgerechter Vergütung.

Unser *Möbelhaus Sie und wir* ist mehrmals als kundenfreundliches Unternehmen ausgezeichnet worden. Wir versprechen unseren Kunden: spannende Präsentationen unserer Waren, faire Preise und Verkaufsaktionen, persönliche Beratung, sehr ansprechende Dekos, und eine Atmosphäre, in der sie sich als Kunde wie zu Hause fühlen werden.

Unsere Firma handelt verantwortungsbewusst der Umwelt gegenüber und das nimmt einen hohen Stellenwert bei unserer Arbeit ein. So entsorgen unsere Lieferschreiner z.B. nach Lieferung und Montage umweltgerecht sämtliches Verpackungsmaterial Ihrer neuen Möbel.

2 **Beantworten Sie die Fragen zur Betriebsvorstellung.
Schreiben Sie die Antworten in Ihr Heft.**

1 Wie viele Mitarbeiter hat der Betrieb?

2 Welche Dienstleistungen werden angeboten?

3 Wie wird in diesem Betrieb gearbeitet?

4 Warum wäre es gut, in der Firma zu arbeiten?

5 Warum kaufen die Kunden gern im Möbelhaus ein?

6 Mit welchen Materialien wird bei der Möbelherstellung gearbeitet?

3 **Welche Ergänzung haben diese Verben?
Sie finden die Angaben im Text von Übung 1.**

1 kommen ......**in**.... + **Akk.**

2 .... zu + Dat.

3 ausbilden .... + ...

4 Erfahrungen ....

5 Eindrücke gewinnen ....+ ....

6 .... mit + Dat.

7 sich .... in + Dat.

8 .... gegenüber + Dat.

4 **Welche Aussagen im Text sind richtig? Kreuzen Sie an.**

1	Das Unternehmen arbeitet	a ☐	mit einem Motto	b ☐	nach Vorschlägen
2	Das Unternehmen hat	a ☐	einen Standort	b ☐	mehrere Standorte
3	Die Umwelt ist für das Unternehmen	a ☐	zum Teil wichtig	b ☐	sehr wichtig
4	Das Unternehmen bietet	a ☐	eine sichere Zukunft	b ☐	viel Geld
5	Das Unternehmen bildet aus:	a ☐	in allen Berufen	b ☐	in speziellen Berufen

6 Die Betriebsvorstellung

5 **Mehdi Ansari hat ein Praktikum im Möbelhaus gemacht und stellt den Betrieb seiner Klasse vor. Bringen Sie die Textabschnitte in die richtige Reihenfolge.**

a In der Firma wird auch auf die Umwelt geachtet, deshalb werden die Verpackungsmaterialien nach der Montage umweltfreundlich entsorgt. Die Arbeit in der Firma finde ich sehr interessant und abwechslungsreich.

b Ich möchte die Firma *Möbelhaus Sie und wir* vorstellen. Das Möbelhaus befindet sich im Gewerbegebiet Südwinkel 5-10, in 86098 München. Die Homepage der Firma lautet: www.Moebelhaus-Sie-und-wir.de, dort könnt ihr euch gern informieren.

c Für mich ist der Beruf der Fachkraft für Lagerlogistik sehr interessant. Zu diesem Beruf gehören verschiedene Tätigkeiten. So werden täglich Waren geliefert, die angenommen werden müssen. Dabei wurde immer überprüft, ob alles geliefert wurde, was bestellt wurde. Die Lkws wurden entladen. Danach werden die Waren eingescannt und dann hat uns der Computer gezeigt, wohin die Waren im Lager gebracht werden müssen. Bei der Lagerung müssen viele Dinge beachtet werden. So darf man z.B. manche Sachen nicht übereinander lagern, sonst gehen sie kaputt.

d Das Möbelhaus gibt es seit 60 Jahren und es hat sich seitdem zu einem der Marktführer in der Möbelbranche entwickelt. Die Firma ist ein Familienbetrieb. Zu dieser Firma gehören noch eine Polstermöbelproduktion, sechs Einrichtungshäuser und drei große Zentrallager. Dadurch ist es der Firma möglich, ihre eigenen Möbel herzustellen und auch zu verkaufen. Es werden verschiedene Dienstleistungen wie Gastronomie, persönliche Beratung, Verkauf, Lieferung, Montage und Entsorgung der Verpackung angeboten.

e In der Ausbildung lernt man, zu planen, zu organisieren, zu lagern, zu verpacken, Begleitpapiere zu erstellen, den Gabelstapler zu bedienen und zu beladen bzw. zu entladen.

f In dieser Firma sind über 5.000 Mitarbeiter in den Abteilungen Verkauf, Mediengestaltung, Produktion, Gastronomie, Verwaltung und Lager und Logistik tätig. Ich möchte euch einige Berufe nennen, in denen man in der Firma arbeiten kann. Das sind z.B.: Verkäufer, Fachkraft im Gastgewerbe, Fachinformatiker oder Schreiner. Auch im Büro gibt es Möglichkeiten: als Bürokaufmann bzw. -kauffrau oder Sekretär/in. In diesen Berufen wird auch ausgebildet. Die einzelnen Abteilungen arbeiten über den Computer sehr eng zusammen.

g Zum Lager gehört auch die Auslieferung von Möbeln. Aber vorher wurde der Lieferschein überprüft, die Ware für den Kunden zusammengestellt, verpackt und der Lkw beladen. Bei diesen Tätigkeiten helfen verschiedene Geräte bei der Arbeit, wie zum z.B. Scanner, PC, Gabelstapler, Verpackungsmaschinen und Hubwagen.

1	2	3	4	5	6	7
b						

6 **Aktiv oder Passiv? Ordnen Sie die Formen in die Tabelle unten ein.**

~~befindet sich~~   werden entsorgt   wird informiert   könnt informieren
gehören   werden geliefert   finde ich   wird überprüft   hat gezeigt
werden eingescannt   darf ... lagern   zu verkaufen   es gibt
werden angeboten   möchte ... nennen   bestellt wurde   zu organisieren
wird ausgebildet   angenommen werden müssen

Aktiv	Passiv
befindet sich	

7 **Stellen Sie einen Betrieb Ihrer Wahl vor. Folgende Fragen sollen Ihnen dabei helfen. Schreiben Sie den Text in Ihr Heft.**

Wie heißt der Betrieb? | Wo ist der Standort und wie viele Standorte hat der Betrieb?

Ist der Betrieb national oder international tätig? | Seit wann gibt es den Betrieb?

Wie groß ist die Firma? | Wie wird der Betrieb geleitet?

Wie hat sich der Betrieb in den Jahren entwickelt? | Wie viele Mitarbeiter hat der Betrieb?

Welche Berufe gibt es in diesem Betrieb? | Bildet der Betrieb auch in diesen Berufen aus?

Welche Tätigkeiten gehören zu diesen Berufen? | Welche Anforderungen hat der Betrieb?

Wie sind die Arbeitsbedingungen? | Mit welchen Materialien wird gearbeitet?

Welche Dienstleistungen werden im Betrieb angeboten?

Welche Produkte werden im Betrieb hergestellt?

1 Lesen Sie den Dialog.

Luisa sitzt an ihrem Schreibtisch und überlegt:
„Nächste Woche ist Mitarbeiter-Treffen und es muss noch alles vorbereitet werden. Die Kollegen könnten mir eigentlich dabei helfen. Woran muss ich alles denken? Wer soll eingeladen werden? Wann und wo soll das Treffen sein? Was brauchen wir dazu? Ich ruf gleich mal Peter an.“

Luisa Hallo Peter, hier ist Luisa.

Peter Hallo Luisa, wie geht es dir?

Luisa Danke, ganz gut. Ich habe nur viel um die Ohren, könntest du mir bitte helfen?

Peter Ja, gern, aber wobei denn?

Luisa Nächste Woche ist doch unsere Mitarbeiter-Treffen und es ist noch nichts dafür vorbereitet. Könntest du dich bitte um die Einladungsmail für die Kollegen kümmern?

Peter Kein Problem, das kann ich machen. Wann genau und wo soll denn das Treffen sein?

Luisa Am Donnerstag, um 14.00 Uhr, bei uns im Besprechungsraum. Wäre es möglich, dass du mich auch bei den Getränken und vielleicht ein paar Knabbereien unterstützen kannst?

Peter Die Rundmail kann ich schreiben. Soll diese heute noch raus? Aber leider habe ich keine Zeit, mich um die Getränke bzw. Knabbereien zu kümmern. Frag doch mal Ali.

Luisa Ja, bitte schick sie bis 16.00 Uhr an alle Kollegen unserer Abteilung!
Dann ist das leider so, dann frage ich Ali wegen der Getränke. Vielleicht können Getränke auch geliefert werden. Kannst du bitte noch Pietro und Alexander bitten, mir bei der Vorbereitung des Raumes unter die Arme zu greifen? Ich frage deswegen bei Maria und Ahmed nach, ob sie mir helfen können.

Peter Gut, dann schicke ich sie nachher gleich raus. Natürlich kann ich die beiden fragen, aber Pietro kommt erst am Freitag aus dem Urlaub zurück. Ich spreche dann mit ihm.

Luisa Ich bedanke mich dafür. Also du fragst Pietro und Alexander, ich frage Maria und Ahmed. Um die Getränke bzw. Knabbereien kümmere ich mich dann. Es wäre gut, wenn wir am Donnerstag eine Stunde vor dem Treffen schon da sein können, um mit der Vorbereitung zu beginnen. Kannst du bitte Pietro und Alexander informieren?

Peter Okay, so machen wir es, du kannst dich auf mich verlassen.

Luisa Sehr schön, ich freue mich auf das Treffen. Also dann bis Donnerstag um 13.00 Uhr.

Peter Na dann, ich hoffe auf ein gutes Gelingen!

2 **Welche Aussagen sind richtig? Es sind mehrere Lösungen möglich. Kreuzen Sie an.**

1 Luisa bittet Peter darum,

a ☐ das Mitarbeiter-Treffen vorzubereiten.

b ☐ sich um die Einladungsmail zu kümmern.

c ☐ Pietro und Alexander um Hilfe zu bitten.

3 Wen soll Peter fragen?

a ☐ Pietro und Maria.

b ☐ Maria und Alexander.

c ☐ Pietro und Alexander.

2 Das Treffen findet

a ☐ um 13.00 Uhr statt.

b ☐ um 14.00 Uhr statt.

c ☐ um 1.00 Uhr statt.

4 Woran muss Luisa alles denken?

a ☐ An Getränke und Knabbereien.

b ☐ Mit Pietro zu sprechen.

c ☐ Maria und Ahmed zu fragen.

3 **Suchen Sie im Dialog von Übung 1 alle Wendungen heraus, wie man eine Bitte formulieren und wie man darauf reagieren kann. Markieren Sie dann die Verben und ihre Ergänzungen.**

Eine Bitte formulieren	Auf eine Bitte reagieren
Könntest du mir bitte helfen? (helfen + Dat.)	

4 **Lesen Sie den Dialog noch einmal.**
Woran muss man bei Absprachen denken? Notieren Sie.

....

....

5 Was passt zusammen?
Verbinden Sie. Tragen Sie das Ergebnis in den Kasten ein.

1 *kannst du mir bitte helfen?*   a   Passiv

2 mich um ... *zu kümmern*   b   Imperativ

3 es *wäre* gut   c   Modalverb

4 *schick* sie ... *an!*   d   Konjunktiv II

5 können ... *geliefert werden*   e   zu + Infinitiv

1	2	3	4	5
c				

6 Welche Redewendungen passen zu Absprachen, welche passen zu Absagen? Ergänzen Sie die Tabelle unten.

~~Ich muss mich darauf verlassen~~   Mir ist es leider nicht möglich, dass ...

Es tut mir leid, aber ...   Könnten Sie bitte ...?   Okay, kein Problem.

Ja, das kann ich machen.   Da habe ich leider keine Zeit dafür.

Wir treffen uns am ... um ...   Oh je, da bin ich nicht da.

Das geht überhaupt nicht.   Also abgemacht!   Schade, ...

Etwas miteinander absprechen	Eine Absage formulieren
Ich muss mich darauf verlassen.	

7 Ergänzen Sie die Absprachen und Termine.

1

Von:	buero@organisation.de
An:	mayer-k@organisation.de
Cc:	
Betreff:	Lieferung

Hallo Herr Mayer,

bitte **a** ....
Sie den Chef, dass die Lieferung
morgen kommt. Ich muss mich
darauf **b** ....
können!
Vielen Dank.

Viele Grüße
Ihr Büro-Team

3

Liebe Kollegen,

es **a** .... **b** ...., wenn
die Bestellungen bis Freitag fertig werden.
Bitte **c** .... Sie dafür, dass
alles klappt.
Vielen Dank für Ihr Verständnis.

Herr Mitter
Abteilungsleiter

2

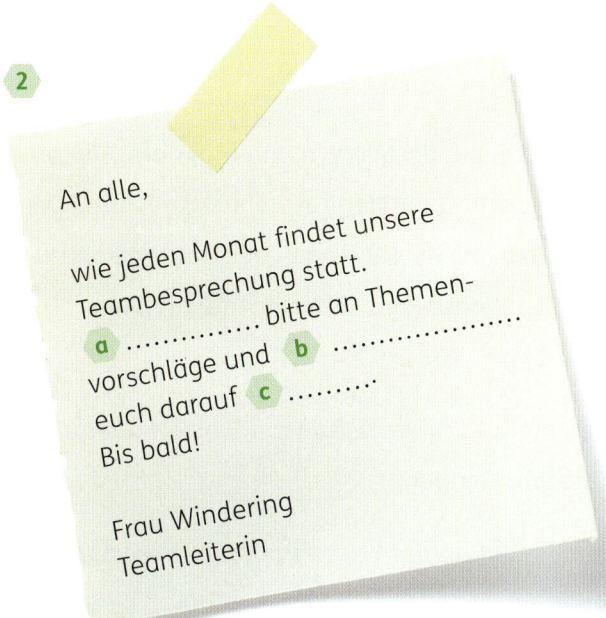

An alle,

wie jeden Monat findet unsere
Teambesprechung statt.
a .... bitte an Themen-
vorschläge und **b** ....
euch darauf **c** ....
Bis bald!

Frau Windering
Teamleiterin

4

Von:	kaeufer-privat@info.de
An:	tmt.schulz@vertraege.de
Cc:	
Betreff:	Unser Termin

Sehr geehrter Herr Schulz,

a .... ist es mir wegen
Krankheit nicht **b** .... , an
unserem Termin am 20.09. teilzu-
nehmen.
Lassen Sie uns einen **c** ....
d .... vereinbaren.
Ich **e** .... mich für Ihr
Verständnis.

Mit freundlichen Grüßen
Herr Käufer

8 Schreiben Sie eine Absprache. Schreiben Sie den Text in Ihr Heft.

Absprache über die Organisation einer Versammlung:

Sie müssen eine Betriebsversammlung (ca. 25 Kollegen) organisieren. Schreiben Sie an alle Kollegen,
und bitten Sie um Hilfe. Die Kollegen sollen sich an Frau Blitz wenden, sie teilt die Aufgaben zur
Vorbereitung der Versammlung ein. (Stühle, Getränke usw.)

1 Lesen Sie die Informationen von der Teamleiterbesprechung im *Möbelhaus Sie und wir.*

Guten Morgen liebe Teamleiter,

wie immer möchte ich mit Ihnen die heutigen Aufträge besprechen. Unsere Aktionstage beginnen ja in Kürze. Da einige Kollegen gerade im Urlaub sind, ist Ihr Know-how und Einsatz heute und in den nächsten Tagen besonders gefragt, damit die Arbeitsabläufe reibungslos durchgeführt werden können. Ich gebe für alle Teams bekannt, welche Aufträge heute zu erledigen sind. Am Schluss können Sie dazu Ihre Vorschläge bzw. Meinungen mitteilen.

Kommen wir zum *Team-Lager:* Bitte nehmen Sie neue Wareneingänge am PC auf, scannen Sie sie ein und stellen diese den entsprechenden Abteilungen zur Verfügung. Die neuen Küchen haben Priorität, da diese noch vor Eröffnung aufgebaut werden müssen.

Team-Schreiner: Ihr Auftrag ist es, zwei weitere Küchen nach Plan und an den ausgezeichneten Schauorten bis 9.00 Uhr aufzubauen. Da die Kunden die Möbel auch ausprobieren, bitte alle Türen, Fächer und Schubläden nachjustieren und auf Schäden prüfen.

Team-Logistik: Sie haben den Auftrag, die Möbel nach Zeitplan auszuliefern und montieren zu lassen. Achten Sie darauf, dass die Kollegen an die Kunden die Bestätigung der Restzahlung aushändigen und die Kunden den Empfang und die Montage bestätigen. Denken Sie auch nach der Montage an die umweltgerechte Entsorgung des Verpackungsmaterials. Alte Geräte können Sie mitnehmen und diese auch umweltgerecht entsorgen.

Team-Gastronomie: Durch unsere Aktionstage werden mehr Kunden als sonst erwartet. Überprüfen Sie die Speisekarte und die dazu gehörenden Waren (Zutaten, Mengen).

Weiterhin sind die Abläufe in der Küche, an der Ausgabe und an der Kasse zu überprüfen, damit zur Mittagszeit keine großen Wartezeiten für die Kunden entstehen.

Team-Verkauf: Bitte behalten Sie auch in Stresssituationen einen klaren Kopf. Erklären Sie den Kunden die praktischen Seiten der Küchen. Bitte zeichnen Sie die neuen Küchen mit den Preisen aus und machen Sie die Kunden auf den Vorteil der 0 % Finanzierungsmöglichkeit deutlich aufmerksam.

An alle Abteilungsleiter: Geben Sie die Informationen zu den Aufträgen bzw. Arbeitsabläufen an die Kollegen zu Beginn der Spätschicht weiter. Denken Sie auch daran, die Kollegen der Spätschicht über bereits ausgeführte Aufträge zu informieren. Von meiner Seite ist das alles, haben Sie Fragen dazu?

Keine, dann wünsche ich allen einen erfolgreichen Arbeitstag.

2 Beantworten Sie die Fragen zum Text.

1 Wer nimmt an der Teamleiterbesprechung teil?

....

2 Warum ist die heutige Teamleiterbesprechung besonders wichtig?

....

3 Warum bestehen heute erhöhte Anforderungen?

....

3 Lesen Sie den Text aus Übung 1 noch einmal. Welche Ergänzungen haben diese Verben?

1 besprechen .....mit.... + ...Dat.....

2 bekanntgeben .... + ...

3 zur Verfügung stellen .... + ...

4 achten .... + ...

5 aushändigen .... + ...

6 denken .... + ...

7 aufmerksam machen .... + ...

8 jemanden informieren .... + ...

4 Was bedeuten diese Redewendungen? Kreuzen Sie an.

1 Der Einsatz ist gefragt

a ☐ man hat einen Plan und wartet bis man dran ist

b ☐ man ist bereit sich zu engagieren und zu helfen

2 Zur Verfügung stellen

a ☐ jemandem etwas zur Benutzung geben

b ☐ über eine andere Person entscheiden

3 Priorität haben

a ☐ etwas hat Vorrang, ist wichtig

b ☐ etwas, was ich nicht gern mache

4 etwas nachjustieren

a ☐ etwas abpassen

b ☐ etwas korrekt einstellen

5 einen klaren Kopf behalten

a ☐ ruhig bleiben, nicht in Panik geraten

b ☐ an nichts denken

6 jemanden zur Seite stellen

a ☐ man stellt sich neben eine Person

b ☐ man bekommt eine Person zur Unterstützung

5 Lesen Sie den Text aus Übung 1 noch einmal. Finden Sie die Antworten und notieren Sie diese. Manchmal gibt es für ein Team keine Angabe.

Team	a Was soll in welchem Team gemacht oder geliefert werden?	b Wann soll der Auftrag durchgeführt werden?
Lager		
Schreiner		
Logistik		
Gastronomie		
Verkauf		
Abteilungsleiter		

6 Ergänzen Sie den Lückentext.
Tipp: Der Text aus Übung 1 hilft Ihnen dabei.

Aufträge entstehen aus Angeboten, hier ein Beispiel.

Neu im Angebot **1** .... und praktische Küche, in zahlreichen Farben ohne Aufpreis

erhältlich. Die Küche Nora liefern wir inkl. Elektrogeräte und Spüle und fachgerechter **2** ....

Bei einer 0 % **3** .... für 5 Jahre sind Sie sorgenfrei und erhalten 2.000 € beim

4 .... einer Küche ab 10.500 € geschenkt. Das ist aber nur bei Neuaufträgen gültig. Wir sichern

Ihnen eine termingerechte **5** .... und eine **6** .... Entsorgung

der Verpackungsmaterialien.

Nutzen Sie die **7** .... gültig vom 18.05.2018 bis 25.05.2018. Besuchen Sie uns in

unserem **8** .... *Sie und wir.* Wir freuen uns auf Sie!

7 Ergänzen Sie den Auftrag. Die Angaben in Übung 6 helfen Ihnen dabei.

Möbelhaus **1** 25. 05. 2018
Gewerbegebiet Südwinkel   Auftrag: KM-1/2018
86098 München   www.moebelhaus-Sie-und-wir.de

Herr Sabbag
Waldowstr. 41
85715 Unterschleißheim

Auftrag zum Kauf der Küche *Nora*

Sehr **2** ....Herr Sabbag
wie in unserem Angebot beschrieben möchten wir Ihnen die Küche Nora mit folgenden Positionen liefern.

Position	Menge	Preis	Rabatt	Gesamt
3 .... *Nora*	1 komplett	10.580 €	10.582 €	
wie gesehen und bestellt				
mit **4**		inkl.		
und Spüle				
cremefarben		**5**		
Anfahrt		0,35 €/km		27,35 €
		Rabatt Aktionsangebot **6** .... €		
		Netto		8.589,35 €
		UST 19%		1.631,98 €
		Brutto		**10.221,33 €**

Hiermit bestätige ich den obigen **7** .... :
Unterschrift:

Es gelten unsere AGBs (Allgemeinen Geschäftsbedingungen).

Lesen Sie.

HINWEISE ZUM PRAKTIKUMSBERICHT

Stellen Sie sich vor, Sie haben im Rahmen der Schule ein Schülerpraktikum absolviert. Jetzt ist es Ihre Aufgabe einen Praktikumsbericht zu schreiben, um so Ihr Praktikum in der Schule zu präsentieren. Dabei sollten mehrere Aspekte berücksichtigt werden, um den Bericht übersichtlich zu gestalten. Ähnlich wie beim Briefe schreiben gibt es auch hier eine Gliederung: eine Einleitung, einen Hauptteil und einen Schlussteil.

In der **Einleitung** stellen Sie die Firma vor, in der Sie Ihr Praktikum absolviert haben. Dabei gehen Sie auf den Namen der Firma, Standort, Slogan/Motto, Homepage, Fakten und Zahlen, die Geschichte und den Aufbau bzw. die Struktur des Betriebes ein. Welche Dienstleistungen werden angeboten? Weiterhin ist es wichtig, wie lange das Praktikum gedauert hat und in welchem Beruf Sie das Praktikum gemacht haben.

Im **Hauptteil** sollten Sie folgende Punkte beschreiben:
- Was waren Ihre Erwartungen vor dem Praktikum?
- Welche Kompetenzen, welche Anforderungen, welchen Schulabschluss brauchen Sie für den Beruf?
- Welche Tätigkeiten werden in diesem Beruf ausgeführt?
- Wie verläuft die Ausbildung in diesem Beruf?
- Was kann man in der Ausbildung bzw. nach dem Abschluss verdienen?

Geben Sie einen Einblick in Ihre Tätigkeiten (tägliche oder besondere), hier bietet es sich an, einen oder zwei Arbeitstage Ihres Praktikums zu erläutern. Denken Sie dabei an
- die Aufgaben, die Sie bewältigen mussten,
- womit Sie gearbeitet haben,
- wie die Arbeitsbedingungen waren (z.B. Arbeitszeit, im Freien usw.) und
- wie viel man in einer Ausbildung verdient.

Im **Schlussteil** sollten Sie ein Fazit über das Praktikum ziehen. Sind Ihre Erwartungen, die Sie vor dem Praktikum hatten, erfüllt worden? Was hat Ihnen gut gefallen, was nicht? Möchten Sie in diesem Betrieb eine Ausbildung anstreben?

2 Welche Ergänzung haben diese Verben?
Sie finden die Angaben im Text von Übung 1.

1 brauchen ....für.... + ...Akk....

2 ein Fazit ziehen .... + ...

3 vertraut machen .... + ...

4 eingehen .... + ...

5 denken .... + ...

6 arbeiten .... + ...

7 berücksichtigen .... + ...

8 einen Einblick geben .... + ...

3 Was gehört wohin im Praktikumsbericht?
Sortieren Sie die Begriffe und ergänzen Sie die Tabelle unten.

ein Fazit ziehen   Anforderungen   ~~Standort~~   einen Einblick geben
Verdienst   Struktur/Geschichte   Erwartungen erfüllen   Name
Tätigkeiten im Beruf   eine Ausbildung anstreben   Aufgaben bewältigen
Fakten/Zahlen   was hat gefallen?   Erwartungen haben

Einleitung	Hauptteil	Schlussteil
Standort		

4 Lesen Sie noch einmal die Betriebsvorstellung der Firma *Möbelhaus Sie und wir* aus Lektion 6, Übung 1. Notieren Sie die Antworten zu den Fragen in Stichpunkten.

1 Wie nennt sich die Firma? ....

2 Wo befindet sich die Firma? ....

3 Welchen Slogan hat die Firma? ....

4 Wie viele Standorte gibt es? ....

5 Seit wann besteht die Firma? ....

6 Wie hat sie sich entwickelt? ....

7 Wie viele Mitarbeiter hat die Firma? ....

8 Wie wird sie geleitet? ....

9 Welche Dienstleistungen werden angeboten? ....

....

5 Schreiben Sie die Einleitung für einen Praktikumsbericht und stellen Sie die Firma *Möbelhaus Sie und wir* vor. Schreiben Sie in Ihr Heft.

6 Was ist in Ihrem Traumberuf wichtig? Ergänzen Sie den Text.

In meinem Traumberuf sind besonders Zuverlässigkeit, 1 ...., und

2 .... wichtig. Als 3 .... muss man

hauptsächlich in 4 .... arbeiten. Dabei hat man folgende Tätigkeiten aus-

zuüben: 5 .... , 6 .... und

7 .... In diesem Beruf arbeitet man mit

8 ....

Ich erwarte von einem Praktikum, dass 9 .... ,

10 .... und 11 .... Für

diese Ausbildung zum 12 .... brauche ich mindes-

tens einen 13 ....-Abschluss. Die Ausbildungszeit beträgt

14 .... Während der Ausbildung bekomme ich eine Vergütung nach Ausbildungsjahren

zwischen 15 .... € und 16 .... € und nach dem Abschluss kann ich

17 .... € verdienen.

7 **Schreiben Sie eine Vorlage für Ihren Praktikumsbericht.**
Die Angaben in Übung 3 und Übung 4 helfen Ihnen dabei.

Praktikumsbericht

Mein Praktikum als ....

bei .... *(Firmenname)*

von .... bis ....

.... *(Anschrift des Betriebs)*

....

....

....

....

....

....

....

....

....

....

....

....

....

....

....

....

....

....

....

....

....

....

Lesen Sie den Auszug aus einem Ausbildungsvertrag.

BERUFSAUSBILDUNGSVERTRAG

zwischen
Möbelhaus Sie und wir **(Ausbilder)**
Gewerbegebiet Südwinkel 5–10, 86098 München
und
Herrn Mehdi Ansari (Auszubildender-Azubi)
Hauptstr. 5, 82110 Germering
geb.am: 10.02.1998

ggf. gesetzlich vertreten durch _____
wird folgender Berufsausbildungsvertrag zur Ausbildung im Beruf **Fachkraft für Lager & Logistik**
geschlossen:

§ 1 Dauer der Ausbildung

Die Ausbildungsdauer beträgt nach der Ausbildungsordnung 3 Jahre.
Das Arbeitsverhältnis beginnt am 01.09.2017.

§ 2 Probezeit

Die ersten vier Monate gelten als Probezeit. Innerhalb dieser Phase ist es sowohl dem Ausbildungs-betrieb als auch dem Auszubildenden erlaubt, das Ausbildungsverhältnis ohne jede Frist zu kündigen. Die Kündigung hat schriftlich zu erfolgen. Die Verlängerung der im Ausbildungsvertrag vereinbarten Probezeit ist möglich. Länger als vier Monate darf die Probezeit nur dauern, wenn der Auszubildende länger als ein Drittel der eigentlichen Probezeit nicht arbeitsfähig ist.

§ 3 Ausbildungszeit und Urlaub

Vorzeitige Beendigung des Berufsausbildungsvertrages
Besteht der Auszubildende vor Ablauf der unter §1 vereinbarten Ausbildungszeit die Abschluss-prüfung, so endet der Berufsausbildungsvertrag mit Bekanntgabe des Ergebnisses durch den Prüfungsausschuss.

Verlängerung des Berufsausbildungsvertrages
Besteht der Auszubildende die Abschlussprüfung nicht, so verlängert sich der Berufsausbildungs-vertrag auf Verlangen bis zur nächstmöglichen Wiederholungsprüfung, höchstens aber um ein Jahr. Die regelmäßige tägliche Ausbildungszeit beträgt 8 Stunden. Die regelmäßige wöchentliche Ausbildungszeit beträgt 40 Stunden. Die Pausen werden nach dem Jugendarbeitsschutzgesetz bzw. dem Arbeitsgesetzt geregelt. Die Berufsschule regelt die Unterrichtszeiten. Der Ausbilder gewährt dem Auszubildenden Urlaub nach den geltenden Bestimmungen. Es besteht ein jährlicher Urlaubs-anspruch von 25 Tagen. Der Urlaub soll zusammenhängend und in der Zeit der Berufsschulferien erteilt und genommen werden. Während des Urlaubs darf der Auszubildende keine dem Urlaubs-zweck widersprechende Erwerbstätigkeit leisten.

§ 4 Ausbildungsvergütung

Der Ausbilder zahlt dem Auszubildenden eine angemessene Vergütung, diese beträgt zurzeit monatlich brutto:
1. Ausbildungsjahr: € 750
2. Ausbildungsjahr: € 850
3. Ausbildungsjahr: € 920
Die Vergütung wird spätestens am letzten Arbeitstag des Monats gezahlt. Die Beiträge für die Sozi-alversicherung tragen die Vertragsabschließenden nach Maßgabe der gesetzlichen Bestimmungen.

2 **Beantworten Sie die Fragen.**

1 Wann kann die Probezeit verlängert werden?

....

2 Wann endet der Berufsausbildungsvertrag vorzeitig?

....

....

3 Hat der Azubi Pausen?

....

4 Wann kann der Azubi Urlaub nehmen?

....

5 Was passiert, wenn der Azubi die Prüfung nicht besteht?

....

6 Wer bezahlt die Beiträge für die Sozialversicherung?

....

3 **Was gehört noch in einen Ausbildungsvertrag? Kreuzen Sie an.**

1 ☐ Berufsbekleidung

2 ☐ Pflichten des Auszubildenden

3 ☐ Freizeitaktivitäten

4 ☐ Kündigung bzw. Kündigungsfristen

5 ☐ Pflichten des Azubis

6 ☐ Essensgutscheine

7 ☐ Stärken und Interessen

8 ☐ Ausbildungsziel

9 ☐ andere Betriebsleistungen

10 ☐ Kurse, die zusätzlich zu besuchen sind

11 ☐ Benachrichtigung bei Krankheit

12 ☐ Religion

4 **Was muss alles in einem Ausbildungsvertrag stehen? Schreiben Sie in Ihr Heft.**

Lesen Sie dazu den Auszug aus dem Ausbildungsvertrag sowie die Übung 3.

5 Lesen Sie.

KÜNDIGUNG EINES VERTRAGS

Zu einer Kündigung in der Ausbildung kann es auch schon in der Probezeit kommen. Dazu müssen jedoch wichtige Gründe vorliegen. Es kann vorkommen, dass der Azubi den Beruf nicht mehr lernen will, dass er unzufrieden mit der Ausbildung ist und diese in einem anderen Betrieb fortsetzen möchte. Aber auch, wenn er sich etwas zuschulden kommen lässt (z.B. Diebstahl), wenn er mehrere unentschuldigte Fehltage in der Berufsschule oder Arbeit hat oder wenn sich der Ausbilder oder der Azubi nicht an den Berufsausbildungsvertrag hält. Auf jeden Fall müssen die sogenannten Kündigungsfristen immer eingehalten werden, egal ob man gekündigt wird bzw. selbst kündigt.

Solange man noch in der Probezeit ist, kann man jeder Zeit gekündigt werden – aber auch der Auszubildende selbst kann zu jeder Zeit kündigen.

Nach der Probezeit können beide Vertragspartner wegen eines schwerwiegenden Problems fristlos (mit sofortiger Wirkung) kündigen. Ansonsten gelten die gesetzlichen Kündigungsfristen, in der Regel von vier Wochen. Die Angabe des Datums des Kündigungsschreibens muss mit der Vierwochenfrist zusammenpassen. Sonst wird die Kündigung erst zu einem späteren Zeitpunkt wirksam.

In beiden Fällen hat die Kündigung schriftlich zu erfolgen. Während der Probezeit muss kein Grund angegeben werden, aber danach muss man den Grund benennen.

Allerdings sollte man sich als Azubi genau überlegen, ob man wirklich kündigen möchte und wann.

6 Beantworten Sie die Fragen.

1 Wie muss eine Kündigung erfolgen?

....

2 Welche Kündigungsfristen werden im Text benannt?

....

3 Was bedeutet die Wendung *sich etwas zuschulden kommen lassen*?

....

4 Warum muss man auf die Kündigungsfrist besonders achten?

....

7 Ergänzen Sie das Kündigungsschreiben.

Mehdi Ansari

1 . . . .

82210 Germering

Möbelhaus Sie und wir

z.Hd. Herrn Schwab

Gewerbegebiet Südwinkel 5-10

86098 München

Germering, 05.03.2018

Kündigung des **2** . . . .

Sehr geehrter **3** . . . . ,

hiermit **4** . . . . ich meinen Ausbildungsvertrag, den ich am 03.08.2017 mit Ihnen geschlossen habe, unter Berücksichtigung der vertraglichen **5** . . . . von vier Wochen zum 30.03.2018.

Ich habe mich dazu **6** . . . . , eine Ausbildung in einem **7** . . . . Beruf zu beginnen.

Ich hoffe Sie können mich **8** . . . . Aber ich bedanke mich für alles, was ich während meiner Ausbildung bei **9** . . . . lernen durfte.

Mit freundlichen Grüßen

Mehdi Ansari

Mehdi Ansari

8 Schreiben Sie eine Kündigung. Beginnen Sie mit der Betreffzeile. Schreiben Sie in Ihr Heft.

Ihre Ausbildungsvergütung ist ausgeblieben bzw. trotz mehrmaligen Hinweisen nicht termingerecht gezahlt worden.

1 Allgemeine Informationen

Für Deutsch für den Beruf werden für die Niveaus A2/B1 aktuell folgende Prüfungen angeboten:

telc Deutsch A2+ Beruf, telc Deutsch B1+ Beruf, DSD I PRO A2/B1 (Deutsches Sprachdiplom)

Was müssen Sie beim Prüfungsteil Schreiben tun?

- Lesen Sie die kurze Beschreibung der Situation.
- Ihre Aufgabe: Es gibt drei bzw. vier Inhaltspunkte („Leitpunkte"), zu denen Sie etwas schreiben sollen.

Was ist wichtig?

- Inhalt: hier ist es wichtig, dass Sie jeden Leitpunkt angemessen beantworten und dies in eine logische Reihenfolge bringen
- kommunikative Gestaltung: z.B. Datum, angemessene Anrede, Einleitung, Gruß- und Schlussformel
- formale Richtigkeit (z.B. Grammatik, Wortschatz und Strukturen)

Welche Texte können im Prüfungsteil Schreiben vorkommen?

Kurzmitteilung/SMS, Notiz, E-Mail, Brief (privat/formell), Beitrag für ein Leserforum

Wie viele Aufgaben müssen Sie bearbeiten? Wie viel Zeit haben Sie dafür?

- telc Deutsch A2+ Beruf: 2 Notizen, E-Mails oder Kurzmitteilungen, jeweils 3 Leitpunkte (30 Minuten)
- telc Deutsch B1+ Beruf: 1 Brief, 4 Leitpunkte (30 Minuten)
- DSD I PRO A2/B1: 1 Beitrag in Leserforum, 3 Leitpunkte (75 Minuten)

> **TIPP**
>
> Lesen Sie die Aufgabenstellung vor dem Schreiben mindestens zweimal durch und machen Sie sich dann Stichpunkte zu den folgenden Aspekten:
>
> - Über **welches Thema** und über **welche Leitpunkte** müssen Sie schreiben?
> - Wie sollen der **Aufbau** und die **Struktur** des Textes sein?
>   (Anrede | Einleitung | Überleitung zum Hauptteil | Überleitung zum Schlussteil | Grußformel)
> - **Wem** schreiben Sie? (formell oder privat? → die passende Anrede verwenden)
> - **Wie** und **was** schreiben Sie? (Art und Wortwahl: freundschaftlich/ernst; kurz/lang)

2 Briefe

Redemittel

Privater Brief	Formeller Brief
Anrede	
Hallo ...,	Sehr geehrte/r Frau/Herr ...,
Liebe/r ...,	Sehr geehrte Damen und Herren,
Einleitung *nach der Anrede immer klein schreiben*	
... vielen Dank für deinen Brief.	... vielen Dank für Ihren Brief.
... schön, wieder von dir zu hören.	... ich beziehe mich auf Ihr Schreiben vom ...
... es tut mir leid, dass ich mich so lange nicht gemeldet habe.	... es war wirklich nett von Ihnen, dass ...
... stell dir vor ...	
Überleitung zum Hauptteil	
Nun möchte ich dir von ... erzählen.	Deshalb möchte ich Ihnen zuerst berichten, dass ...
Du wolltest gern wissen, ...	Ich schreibe Ihnen, um ...
Ich finde, dass ...	
Überleitung zum Schlussteil	
Ich freue mich darauf, dir bald alles persönlich zu erzählen.	Abschließend möchte ich ...
Wir sehen uns ja hoffentlich bald wieder.	Wenn Sie noch Fragen haben, können Sie ...
	Ich freue mich auf eine Möglichkeit / auf eine Einladung zum ...
Schlussteil	
Liebe Grüße	Mit freundlichem Gruß
Tschüss, dein/e Freund/in	Mit freundlichen Grüßen
Alles Liebe	Viele Grüße

Beispiel privater Brief

Müritz, 25.05.2018

Hallo Sven,

heute schreibe ich dir aus den Ferien am Müritzer See, das ist in Mecklenburg Vorpommern. Kennst du vielleicht diesen See? Es ist sehr schön hier, ich kann viel schwimmen gehen. Das Wetter ist einfach prima. Aber stell dir vor, hier habe ich einen Fußballclub gefunden. Ich kann in den Ferien dort mitspielen, so lange ich hier bin. Das ist doch toll.

Ich muss mir zu Hause auch einen Fußballclub suchen. Willst du nicht mitmachen? Dann können wir immer zusammen hingehen und spielen. Aber das können wir ja besprechen, wenn ich wieder zu Hause bin.

Bis dahin, viele liebe Grüße aus den Ferien.

Tschüss
dein Freund Mehdi

Beispiel formeller Brief (Reklamation)

Riyadh Sabbag
Waldowstr. 41
85715 Unterschleißheim

Möbelhaus *Sie und wir*
Gewerbegebiet Südwinkel 5-10
86098 München

Germering, 29.06.2018

Reklamation Küche *Nora* (Auftrag: KM-1/2018)

Sehr geehrte Damen und Herren,

am 26.06.2018 wurde mir die Küche *Nora* mit Elektrogeräten geliefert.
Leider musste ich feststellen, dass das Kochfeld nicht richtig funktioniert. Es schaltet
sich nicht aus, es piept dauernd bzw. geht auch von selbst an.
Da ich noch Garantie auf das Kochfeld habe, bitte ich Sie, das Kochfeld auszutauschen.
Den Kaufbeleg und den Garantieschein habe ich Ihnen mit beigelegt.
Bitte rufen Sie mich zur Absprache eines Termins unter folgender Nummer 01521
3572149 an.

Mit freundlichen Grüßen

Riyadh Sabbag

Anlagen: Kaufbeleg und Garantieschein

3 Einladungen

Redemittel

Private Einladung	Formelle Einladung
Hallo liebe Freunde,	Sehr geehrte/r Frau/Herr …,
habt ihr Lust, zum … zu mir zu kommen?	nehmen Sie die Gelegenheit wahr …
Ich möchte euch zu … einladen.	Gern möchten wir Sie herzlich zu … einladen.
Hättet ihr Zeit, mit mir zu … zu gehen?	Kommen Sie uns in … besuchen.
Sagt mir doch Bescheid, ob ihr kommen könnt.	Bitte teilen Sie uns bis zum … mit, ob Sie kommen.

Beispiel private Einladung

Hallo liebe Freunde,
endlich haben wir eine neue Wohnung bekommen und sind umgezogen.
Am 04.08.2018 ab 18.00 Uhr machen wir in der Hoffmannstr. 21 in München Riem eine Einweihungsparty, zu der wir euch alle bei Musik, Essen und Trinken herzlich einladen.
Wir bitten euch dabei zu sein, denn das bringt Glück.

Hoffentlich bis bald.
Liebe Grüße
Eure Petra und euer Klaus

Beispiel formelle Einladung

Sie sind herzlich zum Tag der offenen Tür eingeladen!

Sehr geehrter Herr Sabbag,

nehmen Sie die Gelegenheit wahr und schauen Sie hinter die Kulissen unseres Betriebes.
Freuen Sie sich darauf, Kollegen oder Freunde zu treffen, vielleicht auch einen telefonischen Ansprechpartner persönlich kennenzulernen und viel Neues zu erleben.
Wenn wir Sie neugierig gemacht haben, freuen wir uns auf Ihren Besuch.
Gern können Sie weitere Interessenten mitbringen.
Für das leibliche Wohl wird auch gesorgt sein.
Wir sehen uns dann am 21.06.2018 ab 8.00 Uhr auf dem Betriebsgelände Gewerbegebiet Südwinkel 5-10, in 86098 München.
Bitte teilen Sie uns bis zum 07.06.2018 mit, ob Sie kommen und ob Sie noch weitere Personen mitbringen.

Vielen Dank.

Mit herzlichen Grüßen
Ihr *Möbelhaus Sie und wir*

Notizen/SMS/E-Mails

Redemittel

Privat	Formell
Hallo …	Sehr geehrte/r Frau / Herr …
Kannst du bitte …	… ich möchte Sie um etwas bitten …
Ich danke dir.	Vielen Dank für Ihre Mühe.
Bis bald	Mit freundlichen Grüßen

Beispiel für eine Notiz

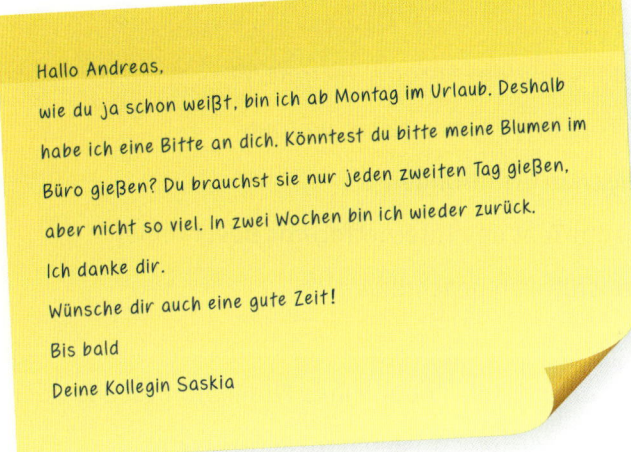

Hallo Andreas,

wie du ja schon weißt, bin ich ab Montag im Urlaub. Deshalb habe ich eine Bitte an dich. Könntest du bitte meine Blumen im Büro gießen? Du brauchst sie nur jeden zweiten Tag gießen, aber nicht so viel. In zwei Wochen bin ich wieder zurück.

Ich danke dir.

Wünsche dir auch eine gute Zeit!

Bis bald

Deine Kollegin Saskia

Beispiel für eine Anfrage per E-Mail

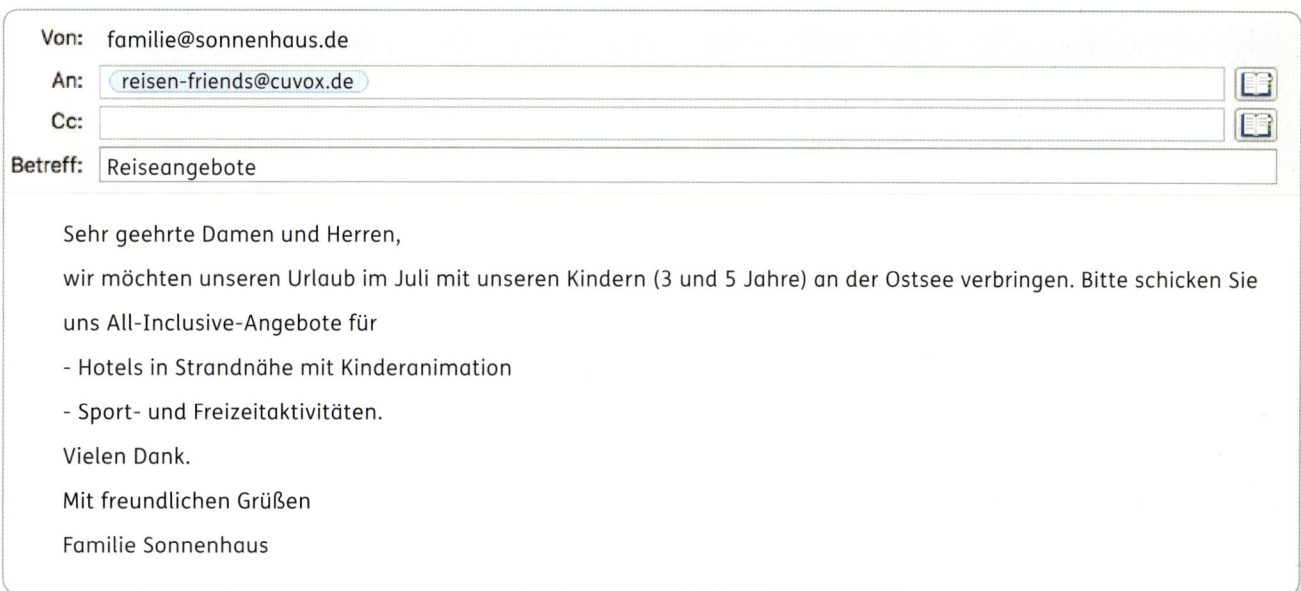

Von:	familie@sonnenhaus.de
An:	reisen-friends@cuvox.de
Cc:	
Betreff:	Reiseangebote

Sehr geehrte Damen und Herren,

wir möchten unseren Urlaub im Juli mit unseren Kindern (3 und 5 Jahre) an der Ostsee verbringen. Bitte schicken Sie uns All-Inclusive-Angebote für

- Hotels in Strandnähe mit Kinderanimation

- Sport- und Freizeitaktivitäten.

Vielen Dank.

Mit freundlichen Grüßen

Familie Sonnenhaus

5 Ein Beitrag für ein Leserforum

Aufbau des Beitrags

Bei dieser Prüfungsaufgabe sollen Sie auf einen Text in einem Forum reagieren.

1. Vor dem Schreiben des eigenen Beitrags wichtige Aussagen im Forumstext markieren

2. **Einleitung**

   - was (Thema) habe ich wo (Zeitung, Internet)gefunden?

   - Interesse am eigenen Artikel wecken

3. Inhalt des Textes aus dem Forum **mit eigenen Worten wiedergeben**

   - wechseln Sie von der 1.Person in die 3. oder von Aktiv ins Passiv

   - bilden Sie aus Verben Nomen und umgekehrt

   - was ist das Thema?

   - welche Meinung wird im Text des Forums vertreten?

   - was soll mit dem Beitrag im Forum erreicht werden?

4. **Überleitung** zu den eigenen Erfahrungen

   - die eigene Meinung zum Text des Internetforums beschreiben

5. **Eigene Erfahrungen** ausführlich beschreiben

   - selbst Erlebtes

   - falls nicht vorhanden, dann Erfahrungen eines Familienmitglieds oder aus dem Umfeld

     beschreiben (z.B. Freunde, Schule, Ausbildung, Sportverein)

   - sehr hilfreich ist es, eine Mindmap anzufertigen (Ideen, Stichwörter und Gedanken)

6. **Überleitung** zur eigenen Meinung und Begründung

7. **Eigene Meinung** ausführlich beschreiben und begründen

   - die eigene Meinung darstellen

   - die eigene Meinung mit Erklärungen

     begründen/kommentieren

   - mit Beispielen verstärken

8. **Schlussteil**

   - kurze Zusammenfassung

   - eigene Absicht klar formulieren

   - eventuelle Schlussfolgerungen

Redemittel

Einleitung
Ich möchte einen Beitrag zu dem Thema / zu dem Artikel ... schreiben.
Ich habe ein interessantes Thema in /im ..., gelesen, worüber ich berichten möchte.

Text aus dem Forum mit eigenen Worten wiedergeben
In dem Artikel fragt man nach ...
Im Text wird beschrieben, wie ...

Überleitung zu eigenen Erfahrungen
Nun möchte ich über meine Erlebnisse mit ... berichten.
Mir gefällt der Artikel sehr gut, weil ...
Ich finde den Text nicht so gut, denn ...

Eigene Erfahrungen ausführlich beschreiben
Ich habe erlebt, dass ...
Aus eigener Erfahrung kann ich sagen, dass ...

Überleitung zur eigenen Meinung
Nach meinen Erfahrungen mit ... möchte ich ...

Die eigene Meinung darstellen
Meiner Meinung nach ist es gut, wenn ...
Meiner Meinung nach ist es schlecht, wenn ...
Ich denke ...
Ich bin dafür, dass ...
Ich bin dagegen, dass ...

Die eigene Meinung begründen
Ich denke so, weil ...
Ich bin zu dieser Meinung gekommen, da ...

Schlussteil
Abschließend möchte ich sagen, dass ...
Meine Schlussfolgerung ist, dass ...

Einen Termin absagen

Situation

Sie sind in der Stadt unterwegs, weil Sie noch die Briefe für die Firma wegbringen und schaffen es nicht, zum Termin mit Ihrer Kollegin Frau Rocha zu kommen.

Aufgabe

Schreiben Sie eine SMS an Ihre Kollegin Frau Rocha mit den drei Punkten:

- entschuldigen Sie sich, dass Sie nicht kommen

- schreiben Sie, warum

- schlagen Sie einen neuen Termin vor

Schreiben Sie eine **passende Anrede** und auch eine **Grußformel.**

Auf eine Einladung reagieren

Situation

Sie bekommen von Ihrem Geschäftspartner *e-maschinen* eine Einladung zur Eröffnung einer neuen Filiale.

Von:	e-maschinen@verleih.de
An:	mustermann@muster.de
Cc:	
Betreff:	Einladung zur Eröffnung unserer neuen Filiale

Sehr geehrter Herr ... / geehrte Frau ...,

endlich ist es so weit und wir können eine weitere Filiale eröffnen. Gemeinsam möchten wir dies mit Ihnen feiern.

Als langjährigen Geschäftspartner unserer Firma laden wir Sie herzlich zur Eröffnung unserer neuen Filiale ein.

Die Eröffnung findet am **15.08.2018** um **10.00 Uhr** statt.

Die neue Filiale befindet sich in der **Michaelkirchner Str. 31, in 86035 München.**

Bei einem Sektempfang und köstlichen Kleinigkeiten lernen Sie unsere neuen Produkte kennen.

Die Filiale ist sehr gut mit den öffentlichen Verkehrsmitteln zu erreichen.

Es gibt aber auch ausreichend Parkmöglichkeiten.

Wir freuen uns auf Ihr Kommen. Ihr Partner / Ihre Partnerin ist auch herzlich willkommen.

Bitte teilen Sie uns mit, ob Sie kommen können und in Begleitung sind.

Mit herzlichen Grüßen

Herr Kluge

Geschäftsführer

Aufgabe

Antworten Sie mit einer kurzen E-Mail auf die Einladung. Beachten Sie folgende Punkte:

- bedanken Sie sich

- Sie kommen mit Ihrer Partnerin / Ihrem Partner

- bitten Sie um genaue Wegbeschreibung

Schreiben Sie die Antwort in Ihr Heft. Denken Sie an die **Anrede** und an den **Aufbau** der E-Mail.

3 Eine Kurzmitteilung verfassen

Situation

Sie finden eine Notiz Ihrer Kollegin Saskia an Ihrem Arbeitsplatz.

Hallo ....,

denkst du an unsere Weiterbildung übermorgen? Sie wird bestimmt interessant. Kannst du mir bitte sagen, wo die Weiterbildung ist? Ich finde meine Notiz nicht mehr. Das wäre nett von dir. Wollen wir nicht zusammen hingehen? Dann lass uns treffen. Schreib mir kurz, ob wir uns treffen, wann und wo.

Bis bald
Saskia

Aufgabe

Antworten Sie Ihrer Kollegin mit einer kurzen Nachricht, beachten Sie folgende Leitpunkte:

- die Weiterbildung findet im Schulungsraum statt
- Sie haben einen wichtigen Kundenauftrag und können nicht daran teilnehmen
- bitten Sie um Informationen nach der Weiterbildung

Schreiben Sie die Antwort in Ihr Heft und achten Sie auf die **passende Anrede** und die **Grußformel.**

Eine Anfrage zu einer Bestellung

Situation

Sie arbeiten in der Malerfirma *Works*. Sie kümmern sich um die Arbeitskleidung und erhalten
dieses Angebot per Mail.

Von:	pl-Arbeitskleidung@online-store.com
An:	maler.firma@works.com
Cc:	
Betreff:	Neu im Sortiment

Neu in unserem Sortiment: Arbeitskleidung – Latzhosen

✓ in jeder Farbe und Größe erhältlich

✓ auf Wunsch auch mit Firmenlogo

✓ preiswert

Unsere Produkte sprechen für hochwertige Qualität!

Schreiben Sie uns, wir sind immer für Sie da.

Für die ersten 10 Bestellungen gibt es 15 % Rabatt!

plArbeitskleidung GmbH & Co. KG

Amtsgericht Schönleck HRB 0A11
Geschäftsführer: Ulrich Körtig

Aufgabe

Reagieren Sie kurz auf das Angebot. Gehen Sie auf die drei Punkte ein:

- Sie möchten 25 Latzhosen bestellen

- fragen Sie nach dem Preis

- fragen Sie nach der Lieferzeit

Schreiben Sie in Ihr Heft und achten Sie beim Schreiben der E-Mail auf die **passende Anrede**
und die **Grußformel.**

1 Ein Angebot einholen

Im Internet finden Sie folgendes Angebot:

Erste Hilfe am Arbeitsplatz

Bei einem Unfall am Arbeitsplatz
ist jeder aufgefordert zu helfen.

• Wann hatten Sie die letzte Schulung?
• Wie macht man es richtig?
• Welche Möglichkeiten haben Sie im Betrieb?
• Was gehört in einen Erste-Hilfe-Koffer?

Wir unterstützen Sie bei der Schulung Ihrer Mitarbeiter.
Wenden Sie sich vertrauensvoll an Erste-Hilfe-Verein.de
Oder an unsere Postadresse:
Erste Hilfe Verein
Pappelallee 22
98631 Behrungen

Situation

Sie arbeiten in einer großen Lager- und Logistikfirma und sind für den Unfallschutz zuständig. Die Firmen-leitung möchte ihre Mitarbeiter in einer Weiterbildung für die Erste Hilfe schulen lassen. Sie sollen das organisieren.

Aufgabe

Schreiben Sie einen Brief. Holen Sie ein Angebot ein und berücksichtigen Sie die folgenden vier Punkte:

- beschreiben Sie die Arbeitsbedingungen im Lager

- spezielle Erste Hilfe Schulung für Lager und Logistik

- wann die Schulung stattfinden soll

- Preis und Rabatt bei Wiederholungsaufträgen

Denken Sie beim Schreiben an den **Aufbau des Briefs (Ort/Datum, Betreffzeile),** an die **passende Anrede,** an die **Bearbeitung aller Leitpunkte** und an einen entsprechenden **Schluss.**

2 Einen Betriebsausflug organisieren

Situation

Ihre Firma hat 20-jähriges Jubiläum. Dazu sollen Sie einen Betriebsausflug für 25 Personen für ein Wochenende in Deutschland (Fr-So) organisieren.

Aufgabe

Schreiben Sie dazu einen Brief an einen Reiseveranstalter und bitten Sie um Angebote. Berücksichtigen Sie folgende Punkte:

- Termin für den Ausflug
- Übernachtungsmöglichkeiten mit Frühstück
- gemeinsames festliches Drei-Gänge-Menü mit einem Programm
- einen Ausflug zu einer Sehenswürdigkeit in der Umgebung

Bevor Sie anfangen zu schreiben, überlegen Sie sich den **Aufbau des Briefs.** Denken Sie daran, **alle Leitpunkte** zu bearbeiten. Wichtig ist auch das **Format des Briefs.**

Eine Fehlermeldung eines Kollegen beantworten

Situation

Sie arbeiten in der IT-Abteilung einer großen Firma und haben folgende E-Mail eines Kollegen aus der Personalabteilung erhalten.

Von:	m.aachen@personalabteilung.de
An:	muster@it-abteilung.de
Cc:	
Betreff:	Programme funktionieren nicht

Sehr geehrter Herr ... / geehrte Frau ...,

leider funktioniert unser internes Programm seit gestern nicht mehr richtig. Schon beim Hochfahren des Computers kommt die erste Fehlermeldung. Wir brauchen das Programm dringend für unsere Arbeit.

Bitte lösen Sie das Problem so schnell wie möglich. Vielleicht braucht man auch nur ein neues Update.

Sie können meine Kollegin Frau Hoffmann und mich von 8.00 – 16.00 Uhr erreichen.

Mit freundlichen Grüßen

Michael Aachen

Personalabteilung

Aufgabe

Beantworten Sie die E-Mail des Kollegen und berücksichtigen Sie dabei die folgenden Punkte:

- entschuldigen Sie sich für das Problem
- Sie werden ein neues Update durchführen
- bitten Sie um Verständnis, weil Sie zurzeit allein in der IT-Abteilung sind
- schlagen Sie einen Termin vor, wann Sie vorbeikommen

Denken Sie beim Schreiben der E-Mail daran, es ist **kein Brief.** Fassen Sie sich **kurz,** aber achten Sie auf die **vier Leitpunkte.**

Auf eine Reklamation reagieren

Situation

Sie arbeiten im Büro der Fensterputzfirma Flink. Sie nehmen die Aufträge für die Fensterputzfirma an. Ihre Firma war zum Fensterputzen in der Modeboutique Extra. Sie erhalten die folgende E-Mail.

Von:	boutique-extra@mode.de
An:	Fensterputzen@flink.de
Cc:	
Betreff:	Reklamation Fensterreinigung in der Modeboutique Extra

Sehr geehrte Damen und Herren,

am 02.07.2018 waren zwei Ihrer Mitarbeiter zum Fensterputzen in unserer Modeboutique. Unsere Firma hatte zu dieser Zeit schon geöffnet.

Leider sind wir nicht zufrieden mit der Arbeit. Die großen Schaufenster sind verschmiert oder haben einige Streifen. Während des Fensterputzens wurde von Ihren Mitarbeitern auch keine Rücksicht auf unseren Kunden genommen. Ihre Mitarbeiter waren sehr unhöflich.

Das hat uns sehr verärgert. Wir erwarten, dass Sie noch einmal jemanden schicken und die Arbeit richtig erledigen lassen.

Mit freundlichen Grüßen
Frau Ayala
Geschäftsführerin
Modeboutique Extra

Aufgabe

Antworten Sie auf die E-Mail unter Berücksichtigung der folgenden Punkte:

- entschuldigen Sie sich

- bieten Sie einen neuen Termin an

- Sie sind bereit, vor Ladenöffnung zu kommen

- geben Sie einen Rabatt von 20 % auf den nächsten Auftrag

Achten Sie auf die **passende Anrede** und den **logischen Aufbau** der E-Mail.

1 Einen Beitrag für die Schülerzeitung erstellen

In der Zeitung lesen Sie einen Beitrag zum Thema „Männer in Frauenberufen".

Gibt es noch die klassische Rollenverteilung in den Berufen? Kann sich ein Mann vorstellen, in einem typischen Frauenberuf zu arbeiten?

Viele Männer werden noch durch ihr Elternhaus so erzogen, dass sie die typische Männerrolle zu erfüllen haben. Nämlich gut verdienen, um die Familie ernähren zu können. Gibt es dieses Klischee noch immer? Natürlich gibt es typische Männer- bzw. Frauenberufe. Aber warum sollte ein Mann sich nicht seinen Berufswunsch erfüllen können, genauso wie man immer mehr Frauen in Männerberufen sieht.

Abaco Guardado Flores hat seinen Traumberuf gefunden und arbeitet heute als Erzieher, aber es war ein harter Weg. Er wurde ausgelacht, bekam keine Ausbildungsstelle. Er blieb hartnäckig und versuchte es immer wieder. Heute ist er der einzige Erzieher in einer Kita in München. Und die Kolleginnen, Kinder und Eltern sind froh, dass es ihn gibt. Nicht nur, dass er genauso einfühlsam wie seine Kolleginnen ist, sondern er kann auch besser mit den Jungen unter den Kindern umgehen. Er ist zu einer wichtigen Bezugsperson für Mädchen und Jungen geworden.

Schreiben Sie dazu einen Beitrag in einem Artikel für die Schülerzeitung. Der Beitrag soll zusammenhängend geschrieben werden.

Die folgenden drei Punkte sollen dabei bearbeitet werden:

- Geben Sie wichtige Aussagen aus dem Zeitungsartikel **mit eigenen Worten** wieder.
- Gibt es Ihrer Meinung nach noch die klassische Rollenverteilung?
  Berichten Sie ausführlich von Ihren eigenen Erfahrungen.
- Soll ein Mann Ihrer Meinung nach auch in einem typisch weiblichen Beruf arbeiten?
  Begründen Sie Ihre Meinung ausführlich.

Schreiben Sie in Ihr Heft.

Sie haben insgesamt **75 Minuten** Zeit.

Sie brauchen die Wörter nicht zu zählen

2 **Einen Beitrag für ein Leserforum erstellen**

Sie finden in der Zeitung einen Artikel zum Thema „Praktika".

Wie jedes Jahr sind zahlreiche Jugendliche – Schulabgänger aber auch Schüler – auf der Suche nach einem Praktikum. Aber wie sinnvoll ist es, ein Praktikum zu absolvieren?

Einerseits hilft ein Praktikum sehr bei der Berufswahl und man lernt die Arbeitswelt näher kennen. Als Praktikant lernt man viel Neues und kann Erfahrungen sammeln. Man stellt fest, welche Tätigkeiten einem liegen oder erkennt, was man gar nicht machen möchte. Außerdem kann man Vorurteile gegenüber manchen Berufen abbauen.

Andererseits wird man im Praktikum wegen fehlender Kompetenzen oft nicht richtig ernst genommen. Man merkt, dass ein Praktikum auch sehr anstrengend sein kann. Schließlich sind es meistens acht Stunden, die man am Tag arbeiten muss.

Über eines sollte man sich im Klaren sein. Wer sich für ein Schülerpraktikum entschieden hat, das ja bekanntlich unentgeltlich ist, weiß, dass er sein Wissen und seinen Horizont erweitern kann. Und selbst wenn man glaubt, mit Kaffeekochen oder Reinigungstätigkeiten seine Zeit zu vergeuden, so gehören solche Routineaufgaben auch zur Berufswelt. Natürlich sollte man auch anderweitig eingesetzt werden. Ein Praktikant sollte die Möglichkeit erhalten, sich einbringen zu können.

Um Enttäuschungen zu vermeiden, ist es wichtig, schon am Anfang gemeinsam zu besprechen, welche eigenverantwortlichen Aufgaben vom Praktikanten übernommen werden können und wie das Praktikum genau aussehen wird. Und von Seiten des Praktikanten sollte nicht versäumt werden, stets Fragen zu stellen. So kann das Praktikum für beide Seiten erfolgreich werden.

Schreiben Sie dazu einen Beitrag für das Forum der Zeitung. Der Beitrag soll zusammenhängend geschrieben werden.

Die folgenden drei Punkte sollen dabei bearbeitet werden:

- Geben Sie wichtige Aussagen aus dem Artikel **mit Ihren eigenen Worten** wieder.
- Welche Erfahrung haben Sie schon mit Praktika gemacht? Berichten Sie ausführlich von **Ihren eigenen Erfahrungen.** Falls Sie noch kein Praktikum gemacht haben, wie stellen Sie sich ein Praktikum vor?
- Sollten Schüler schon ein Praktikum machen? **Begründen Sie Ihre Meinung ausführlich.**

Schreiben Sie in Ihr Heft.

Sie haben insgesamt **75 Minuten** Zeit.

Sie brauchen die Wörter nicht zu zählen.

Lösungen

1 — Der Lebenslauf

2
1 Name   2 Hauptstr. 5, 82210 Germering   3 01521 4083251   4 E-Mail
5 10.02.1998, Kandahar-Afghanistan   6 Staatsangehörigkeit   7 Familienstand
8 Einreise nach D.   9 Persisch (Muttersprache), Englisch (A2), Deutsch (B1)

3
1 d   2 e   3 f   4 h   5 b   6 g   7 a   8 c

4
4   5   9

5
1 Persönliche   2 Ansari   3 Hauptstr. 5, 82210 Germering   4 E-Mail   5 10.02.1998
6 ledig   7 Einreise nach D.   8 Deutsch (B1)   9 Autohaus Rauscher   10 Lagerist
11 09/2010   12 landwirtschaftlichen   13 Staatlichen Berufsschule   14 Deutsch
15 Juli 2017   16 Hauptschulabschluss   17 Mittelschule   18 Grundkenntnisse
19 Technik

6
Individuelle Lösung

2 — Formulare ausfüllen

1
1 Ansari   2 /   3 Mehdi   4 m   5 10.02.1998   6 ledig   7 /   8 Hauptstr. 5
9 82210 Germering   10 afghanisch   11 01521 4083251   12 privat
13 mehdiansari2017@gmail.com

3
1 h   2 d   3 a   4 g   5 c   6 e   7 b   8 f

4
1 Der Grund, warum man nach Deutschland kommt.
2 erfolgreiche Schulpflicht ohne Abschluss   Abschluss Schule individuelle Lernförderung
Hauptschule ohne Quali   Hauptschule mit Quali   Mittlerer Schulabschluss
Fachhochschulreife   Fachgebundene Fachhochschulreife
3 Das ist ein Langzeitpraktikum, das man vor der Ausbildung in einem Ausbildungsbetrieb
machen kann.
4 Ausbildung mit Ausbildungsvertrag   Berufsgrundschuljahr   Berufsvorbereitungsjahr
ohne Ausbildungsvertrag   Einstiegsqualifzierung (EQ)   Umschulung mit Vertrag

5
Individuelle Lösung

2 1 l 2 a 3 j 4 k 5 h 6 g 7 e 8 b 9 d 10 c 11 f 12 i

3

Interessen:

Pflegearbeit   Produkt-Palette   Werken, Gestalten   Produkt Portfolio Elektrotechnik

Stärken:

Teamfähigkeit   Einfühlungsvermögen   Engagement   Verantwortungsbewusstsein
Aufgeschlossenheit   Geschick im Umgang mit Menschen   Kommunikationsfähigkeit
Sorgfältigkeit, Pünktlichkeit   Genauigkeit   handwerkliches Geschick   Kreativität
Selbstständigkeit   Eigeninitiative   Einsatzbereitschaft

4

Persönliche Stärken:
z.B. Selbstbewusstsein   Belastbarkeit   Zuverlässigkeit   Verantwortungsbewusstsein

Soziale Stärken:
z.B. Teamfähigkeit   Kontaktfreudigkeit   Kritikfähigkeit   Aufgeschlossenheit

Fachliche Stärken:
z.B. Sorgfältigkeit   Genauigkeit   handwerkliches Geschick   Zielstrebigkeit
Kreativität   Lernbereitschaft

5 *Individuelle Lösung*

6 *Individuelle Lösung*

7 *Individuelle Lösung*

1

Dienstleistungen:	Friseur/in Schneider/in Kellner/in Verkäufer/in
Handwerk:	Koch/Köchin Bäcker/in Dachdecker/in Schreiner/in
	Installateur/in Maler/in
Natur/Umwelt:	Tierpfleger/in Gärtner/in
Industrie:	Berufskraftfahrer/in Maschinen- u. Anlagenführer/in Elektroniker/in
	Mechaniker/in Metallbauer/in Lagerist/in
Gesundheit:	Altenpfleger/in Krankenpfleger /in

2 1 i 2 h 3 l 4 m 5 p 6 s 7 q 8 j 9 e 10 f 11 d 12 g
13 t 14 r 15 a 16 k 17 b 18 o 19 n 20 c

3 *Individuelle Lösung*

Lösungen

4

4

1 Autos   2 handwerkliches Geschick   3 Technik   4 Mathematik
5 abwechslungsreiche   6 selbstständig   7 Team   8 Fahrrad   9 Halle
10 Überstunden   11 in Schichten   12 Verdienst   13 etwas leisten   14 Geschick

5

Lösungsvorschlag

Als Kind hatte ich immer wieder einen anderen Traumberuf. Erst wollte ich Kosmonaut, dann Tierarzt und zum Schluss Polizist werden. In der Schule haben wir viel über Berufe gesprochen und jetzt weiß ich, dass ich Altenpfleger werden möchte. In diesem Beruf kann ich nicht so viel verdienen, aber ich kann älteren Menschen helfen. Das ist mir wichtig. Ich kann in Altersheimen oder Pflegekliniken im Team, aber auch selbstständig arbeiten. Die Arbeit ist sehr abwechslungsreich. Zu den Tätigkeiten eines Altenpflegers gehören: pflegen und beraten, Unterstützung bei der Körperpflege, beim Essen oder beim Anziehen. Auch begleitet man die älteren Leute zu Terminen, wie z.B. zum Arzt. Man hilft Ihnen bei der aktiven Freizeitgestaltung, geht spazieren oder spielt mit ihnen. Die Schulfächer Sozialkunde und Deutsch sind sehr wichtig, da bin ich auch gut in der Schule. Ich bin körperlich fit, weil ich Sport treibe und kann gut mit Menschen umgehen. Deshalb wäre das mein Traumberuf.

6

Individuelle Lösung

5

2

1 Freude an unseren Produkten und am Umgang mit Menschen
2 Dienstleistungsbereitschaft und Kundenorientierung   3 Flexibilität und Einsatzfreude
4 Gute körperliche Konstitution   5 Organisatorische Fähigkeiten und Sorgfalt
6 Räumliches Vorstellungsvermögen   7 Umsicht und Verantwortungsbewusstsein
8 guter Hauptschulabschluss

3

1 am 01.09.2018.   2 Müllerstedt GmbH
3 Übernahme bei erfolgreich abgeschlossener Ausbildung möglich

5

1 offener Umgang mit Menschen   2 körperlich belastbar   3 flexibel
4 verantwortungsbewusst   5 aufgeschlossen   6 lernbereit

6

1 geehrter   2 Interesse   3 zukünftigen   4 spricht   5 erwartet   6 von der Arbeit
7 einzuräumen   8 die Erfahrungen   9 zu   10 Staatlichen
11 qualifizierenden   12 aufgeschlossenen   13 freue

7

Lösungsvorschlag

Bewerbung um eine Ausbildung zur Drogistin; Referenznummer: AZY 321AC201

Sehr geehrte Frau Schwerth,

über das Internetportal azubi-jobs.de bin ich auf Ihre Ausbildungsstelle aufmerksam geworden. Ihre Drogerie kenne ich als Kundin. Mir gefallen der Umgang mit Ihren Kunden und das breite Angebot.

Da ich mich für die Trends der Ernährung, insbesondere für gesunde Ernährung und Kosmetik interessiere, sende ich Ihnen meine Bewerbungsunterlagen zu.

In einem Schülerpraktikum konnte ich erste Erfahrungen in einem Drogeriemarkt sammeln. Ich habe schnell gemerkt, dass mir diese Arbeit Spaß macht. Der Umgang mit Menschen fällt mir leicht, da ich sehr kontaktfreudig bin. In meiner Freizeit fotografiere ich gern, meine Fotos wurden auch in der Schule ausgestellt. Schon in der Schule, aber besonders im Praktikum habe ich gelernt, dass man sich auf den anderen verlassen muss.

Zurzeit besuche ich die Mittelschule *Mustername* in München und werde im Juli 2018 mit einem sehr guten Hauptschulabschluss die Schule beenden. Zu meinen Lieblingsfächern gehören Biologie und Deutsch.

Zu meinen Stärken gehören Freundlichkeit, Flexibilität und Aufgeschlossenheit. Außerdem kann ich gut organisieren, was ich schon mehrmals in der Schule unter Beweis stellen konnte.

Da ich eine innovative Ausbildung schätze und Freude am Umgang mit Menschen habe, denke ich, dass meine Stärken und Interessen gut zum Beruf der Drogistin passen.

Ich freue mich auf eine Einladung und beantworte Ihnen gern weitere Fragen.

Mit freundlichen Grüßen

Mustername

Anlage: Bewerbungsunterlagen

2 1 Der Betrieb hat mehr als 5.000 Mitarbeiter. 2 Gastronomie, persönliche Beratung, Lieferung und Montage, Entsorgung der Verpackung 3 computergestützte Arbeitsabläufe, abwechslungsreich, kundenfreundlich, im engagierten Team 4 herausfordernde, abwechslungsreiche und anspruchsvolle Aufgaben, intensive, fundierte Einarbeitung, fachspezifische Weiterbildungen und Qualifizierungen, gutes Arbeitsklima, engagiertes Team, gute Aufstiegsmöglichkeiten, sicherer Arbeitsplatz, leistungsgerechte Vergütung 5 kundenfreundlich, faire Preise, gute Atmosphäre, persönliche Beratung 6 Holz, Metall, Leder, andere Stoffe

3 1 kommen in + Akk. 2 zählen zu + Dat. 3 ausbilden in + Dat.
4 Erfahrungen sammeln 5 Eindrücke gewinnen von + Dat. 6 arbeiten mit + Dat.
7 sich fühlen in + Dat. 8 handeln gegenüber + Dat.

4 1 a 2 b 3 b 4 a 5 b

5 1 b 2 d 3 f 4 c 5 g 6 e 7 a

6 Aktiv: befindet sich könnt informieren gehören finde ich hat gezeigt
darf ... lagern zu verkaufen es gibt möchte ... nennen zu organisieren
Passiv: werden entsorgt wird informiert werden geliefert wird überprüft
werden eingescannt werden entsorgt werden angeboten bestellt wurde
wird ausgebildet angenommen werden müssen

7 *Individuelle Lösung*

Lösungen

2 1 b, c   2 b   3 c   4 a, c

3 **Eine Bitte formulieren:**
Könntest du mir bitte helfen? (helfen + Dat.)
Könntest du dich bitte um … kümmern? (sich kümmern um + Akk.)
Wäre es möglich, dass du mich bei … unterstützen kannst? (unterstützen bei + Dat.)
Kannst du bitte … bitten, … zu machen? (bitten + Akk. zu + Inf.)
Es wäre gut, wenn …
Kannst du bitte … informieren?
(informieren + Akk.)

Auf eine Bitte reagieren:
Ja, gern.
Kein Problem, das kann ich machen.
Leider habe ich keine Zeit, mich um … zu kümmern. (keine Zeit haben + Inf., sich kümmern um + Akk.)
Natürlich kann ich … machen.
Okay, so machen wir es. Du kannst dich auf mich verlassen. (sich verlassen auf + Akk.)

4 Bei einer Absprache sollte man an folgende Punkte denken:
Wer?   Wann?   Was?   Wo?   Warum?   Wie?   Wie lange?

5 1 c   2 e   3 d   4 b   5 a

6 **Absprachen:**
Ich muss mich darauf verlassen.
Könnten Sie bitte …?
Okay, kein Problem.
Ja, das kann ich machen.
Wir treffen uns am … um …
Also abgemacht.

Absagen:
Mir ist es leider nicht möglich, dass …
Es tut mir leid, aber …
Da habe ich leider keine Zeit dafür.
Oh je, da bin ich nicht da.
Das geht überhaupt nicht.
Schade, …

7 1 a informieren   1 b verlassen   2 a Denkt   2 b bereitet   2 c vor
3 a wäre   3 b gut   3 c sorgen   4 a leider   4 b möglich   4 c neuen
4 d Termin   4 e bedanke

8 *Lösungsvorschlag*

Liebe Kollegen und Kolleginnen,

wie Sie wissen, findet bald wieder unsere Betriebsversammlung statt. Da wir ca. 25 Personen sind, wäre es schön, wenn Sie uns bei der Vorbereitung helfen können. Die Stühle müssen in den Raum getragen werden, Getränke und etwas zum Schreiben müssen bereitgestellt bzw. gelegt werden. Frau Blitz in der Verwaltung wird die Aufgaben an die Kollegen verteilen, deshalb gehen Sie bitte zu ihr ins Büro. Sie sagt Ihnen dann, wobei Sie helfen können.

Vielen Dank für Ihre Unterstützung.

Herr Schreiner

Betriebsrat

2
1 Der Chef, die Abteilungsleiter der Teams Lager, Schreiner, Logistik, Gastronomie und Verkäufer.
2 Es finden Aktionstage statt, es werden viele Kunden erwartet.
3 Einige Kollegen sind im Urlaub, Arbeitsabläufe sollen trotzdem reibungslos ablaufen.

3
1 besprechen mit + Dat.   2 bekanntgeben für + Akk.   3 zur Verfügung stellen + Dat. + Akk.
4 achten auf + Akk.   5 aushändigen an + Akk.   6 denken an + Akk.
7 aufmerksam machen auf + Akk.   8 jemanden informieren über + Akk.

4
1 b   2 a   3 a   4 b   5 a   6 b

5
Lager
a Wareneingänge aufnehmen, einscannen, zur Verfügung stellen
b vor Eröffnung

Schreiner
a Küchen aufbauen, Türen, Fächer, Schubladen nachjustieren, auf Schäden prüfen
b bis 9.00 Uhr

Logistik
a Möbel ausliefern, montieren, Montage bestätigen lassen, Bestätigung Restzahlung
  aushändigen, umweltgerechte Entsorgung des Verpackungsmaterials
b nach Zeitplan, nach Montage

Gastronomie
a Speisekarte und Waren überprüfen, Abläufe in der Küche, an Ausgabe und an Kasse überprüfen
b Mittagszeit

Verkauf
a die neuen Küchen mit Preisen auszeichnen, praktische Seiten der Küche erklären,
  Kunden auf 0 % Finanzierungsmöglichkeit aufmerksam machen
b keine Angabe

Abteilungsleiter
a die Informationen an die Kollegen weitergeben
b Beginn der Spätschicht

6
1 moderne   2 Montage   3 Finanzierung   4 Kauf   5 Lieferung
6 umweltgerechte   7 Aktionstage   8 Möbelhaus

7
1 *Sie und wir*   2 geehrter   3 Küche   4 Elektrogeräten   5 ohne Aufpreis
6 2.000,– €   7 Auftrag

Lösungen

2
1 brauchen für + Akk.   2 ein Fazit ziehen über + Akk.   3 vertraut machen mit + Dat.
4 eingehen auf + Akk.   5 denken an + Akk.   6 arbeiten mit + Dat.
7 berücksichtigen bei + Dat.   8 einen Einblick geben in + Akk.

3
Einleitung: Standort   Struktur/Geschichte   Name   Fakten/Zahlen
Hauptteil: Anforderungen   einen Einblick geben   Verdienst
             Tätigkeiten im Beruf   Aufgaben bewältigen   Erwartungen haben
Schlussteil: ein Fazit ziehen   Erwartungen erfüllen   eine Ausbildung anstreben
             was hat gefallen?

4
1 *Möbelhaus Sie und wir*   2 im Gewerbegebiet Südwinkel 5–10, in 86089 München
3 Für unsere Kunden – Unsere Erfahrungen, Teamgeist und eine erstklassige Ausbildung in allen
  Bereichen   4 sechs Einrichtungshäuser, drei Lager   5 seit 60 Jahren
6 zählt seit vielen Jahren zu Marktführern   7 mehr als 5.000   8 Familienbetrieb
9 Beratung, Verkauf, Lieferung, Gastronomie

5
Lösungsvorschlag
Siehe Übung 7

6
Lösungsvorschlag
1 Sorgfalt   2 Verantwortungsbewusstsein   3 Kfz-Mechatroniker   4 Werkstätten
5 Überprüfen des Reifendrucks   6 Wechseln des Ölfilters   7 Einstellen der Bremsen
8 elektrischen Geräten   9 ich einen Einblick in den Beruf bekomme
10 verschiedene Tätigkeiten machen kann   11 nett aufgenommen werde
12 Kfz-Mechatroniker   13 qualifizierenden Hauptschulabschluss
14 dreieinhalb Jahre   15 620 €   16 1.100 €   17 1.850 €

7
Lösungsvorschlag

Praktikumsbericht

Mein Praktikum als Fachkraft für Lagerlogistik
bei der Firma *Möbelhaus Sie und wir*
von 22.05.2017 bis 02.06.2017
Gewerbegebiet Südwinkel 5-10, 86098 München

Ich möchte von meinem Praktikum als Fachkraft für Lagerlogistik bei der Firma *Möbelhaus Sie und wir* berichten. Das Möbelhaus befindet sich im Gewerbegebiet Südwinkel 5–10, in 86098 München. Die Homepage der Firma lautet: www. Moebelhaus-Sie-und-wir.de, dort kann man sich informieren.

Das Praktikum habe ich vom 22.05.2017 – 02.06.2017 gemacht, mit täglich acht Stunden.
   Das Möbelhaus gibt es seit 60 Jahren und es hat sich seitdem zu einem der Marktführer in der Möbelbranche entwickelt. Die Firma ist ein Familienbetrieb. Zu dieser Firma gehören noch eine Polstermöbelproduktion, sechs Einrichtungshäuser und drei große Zentrallager. Dadurch ist es der Firma möglich, eigene Möbel herzustellen und auch zu verkaufen. Es werden verschiedene Dienstleistungen wie Gastronomie, persönliche Beratung, Verkauf, Lieferung und Montage und Entsorgung der Verpackung angeboten.
   In dieser Firma sind über 5.000 Mitarbeiter in den Abteilungen Verkauf, Mediengestaltung, Produktion, Gastronomie, Verwaltung und Lager und Logistik tätig. Ich möchte einige

Berufe nennen, die man in der Firma ausüben kann. Das sind z.B. Verkäufer, Fachkraft im Gastgewerbe, Fachinformatiker, Schreiner; auch im Büro gibt es Möglichkeiten als Bürokaufmann bzw. -kauffrau oder Sekretär/in. In diesen Berufen wird auch ausgebildet.

Ich wollte im Praktikum sehen, welche Tätigkeiten man in diesem Beruf ausüben muss, wie ein Tag eines Lageristen abläuft und welche Fertigkeiten bzw. Fähigkeiten in diesem Beruf wichtig sind.

Im Praktikum war ich die meiste Zeit im Lager, aber mir wurden auch die anderen Abteilungen gezeigt. Das war sehr interessant. Als Praktikant für Fachkraft für Lagerlogistik habe ich verschiedene Tätigkeiten kennengelernt. So habe ich bei der Warenannahme geholfen, täglich kamen neue Waren an. Da musste immer überprüft werden, ob alles geliefert wurde, was bestellt wurde. Die Lkws wurden entladen, wobei ich nicht helfen durfte und konnte, weil ich auch keinen Gabelstaplerschein habe. Aber ich durfte die Waren mit einscannen und dann zeigte uns der Computer, wohin die Waren im Lager gebracht werden müssen. Im Lager selbst konnte ich dann einige Waren mit dem Hubwagen transportieren, natürlich war mein Betreuer Herr Schneller fast immer bei mir. Er hat mir erklärt, was bei der Lagerung beachtet

werden muss. Ein besonderes Highlight war für mich, dass ich zu einer Auslieferung mitfahren durfte. Aber vorher mussten wir gemeinsam den Lieferschein überprüfen, die Ware für den Kunden zusammenstellen, verpacken und den Lkw beladen. Ich schaute beim Beladen wieder nur zu. Bei diesen Tätigkeiten helfen verschiedene Geräte bei der Arbeit, wie zum z.B. Scanner, PC, Gabelstapler, Etikettiermaschine und Hubwagen. Als Lagerist arbeitet man hauptsächlich in der Lagerhalle bzw. an der Rampe, also ist man auch an der frischen Luft. Für die Ausbildung sollte man gut planen und organisieren können, körperlich fit sein und mit dem PC arbeiten können. Außerdem braucht man mindestens einen Hauptschulabschluss mit einem Notendurchschnitt zwischen 2–3, dabei sind Deutsch und Mathe besonders wichtig. Die Ausbildung dauert 3 Jahre. Während der Ausbildung bekommt man im 1. Ausbildungsjahr 559 € bis 870 €, im 2. Ausbildungsjahr 580 € bis 920 € und im 3. Ausbildungsjahr 632 € bis 975 €. Danach kann man mit 1.700 € Verdienst beginnen.

Mir hat das Praktikum sehr gut gefallen, ich habe sehr viel über diesen Beruf erfahren. Ich werde in dieser Firma am 01.09.2017 mit einer Ausbildung beginnen.

2
1 Wenn der Auszubildende länger als ein Drittel der eigentlichen Probezeit nicht arbeitsfähig ist.
2 Bei Bestehen der Abschlussprüfung und mit Bekanntgabe des Ergebnisses durch den Prüfungsausschuss.
3 Ja, die Pausen werden nach dem Jugendarbeitsschutzgesetz bzw. dem Arbeitsgesetzt geregelt.
4 In den Berufsschulferien.
5 Er kann verlängern, max. bis zu einem Jahr.
6 Arbeitnehmer (Auszubildende) und Arbeitgeber, nach Maßgabe der gesetzlichen Bestimmung.

3   1   2   4   5   8   9   11

Lösungen

4 Ausbildungzeit   Urlaubstage   Probezeit   Vergütung   Kündigung
Berufsbekleidung   Pflichten des Azubis
(Tipp: Darüber hinaus sind folgende Punkte wichtig: Form der Ausbildung (z.B. dual)
Pflichten des Ausbilders   allgemeine Hinweise auf andere Betriebsvereinbarungen)

6 1 schriftlich, nach der Probezeit muss der Grund angegeben werden
2 in der Probezeit jederzeit, fristlose (sofortige) Kündigung, Vierwochenfrist
3 Wenn man etwas tut, das gegen die Regeln ist: z.B. Diebstahl, unentschuldigtes Fehlen,
Nichteinhalten des Vertrages
4 Sonst wird die Kündigung erst zu einem späteren Zeitpunkt wirksam.

7 1 Hauptstr. 5   2 Ausbildungsvertrages   3 Herr Schwab   4 kündige   5 Frist
6 entschlossen/entschieden   7 anderen   8 verstehen   9 Ihnen

8 *Lösungsvorschlag*

Kündigung meines Ausbildungsvertrages

Sehr geehrter Herr Mustermann,

hiermit kündige ich meinen Ausbildungsvertrag mit einer Frist von vier Wochen zum
11.05.2018.
Meine Ausbildungsvergütung wurde vor drei Monaten nicht gezahlt und dann in zwei Raten
nachgezahlt. Trotz mehrmaliger Hinweise in Gesprächen habe ich die Ausbildungsvergütungen
nicht regelmäßig erhalten. Ich bin nicht bereit, das weiter hinzunehmen.

Bitte bestätigen Sie mir die Kündigung schriftlich.

Mit freundlichen Grüßen

Mustername

1 *Lösungsvorschlag*

Hallo Frau Rocha,

ich bin noch in der Stadt, weil ich die Briefe für die Firma wegbringe. Ich schaffe es leider nicht
bis zu unserem Termin. Können wir uns morgen um 16.00 Uhr treffen? Schreiben Sie mir bitte
oder rufen Sie mich an.

Viele Grüße
Ihr Name

2 *Lösungsvorschlag*

Von: mustermann@muster.de
An: e-maschinen@verleih.de
Betreff: Einladung zur Eröffnung unserer neuen Filiale
Betreff: Neu im Sortiment

Sehr geehrter Herr Kluge,

vielen Dank für Ihre Einladung zur Eröffnung Ihrer neuen Filiale.
Gerne komme ich mit meiner Frau am 15.08.2018, um 10.00 Uhr.
Ich kann leider nicht mit dem Auto kommen. Können Sie mir bitte eine genaue
Wegbeschreibung schicken?
Wir freuen uns sehr, dass wir Sie wiedersehen.

Mit herzlichen Grüßen
Herr Mustermann

3 *Lösungsvorschlag*

Hallo Saskia,

ja, ich denke daran. Danke dir. Die Weiterbildung ist im Schulungsraum. Schade, aber ich kann
leider nicht kommen. Ich habe noch einen wichtigen Kundenauftrag bekommen. Den muss ich
fertig machen.
Kannst du mir dann bitte die Informationen nach der Weiterbildung geben?

Vielen Dank.
Bis bald
Ihr Name

4 *Lösungsvorschlag*

Von: maler.firma@works.com
An: pl-Arbeitskleidung@online-store.com
Betreff: Frage zu Ihrem Angebot

Sehr geehrte Damen und Herren,

wir haben Ihr Angebot mit Interesse gelesen und möchten gern Latzhosen bestellen.
Wir brauchen 25 Stück in den Größen 48-54.
Bitte informieren Sie uns zuerst, wie viel die Latzhosen kosten und wie lange die
Lieferzeit dauert.
Vielen Dank.

Mit freundlichen Grüßen
Ihr Name
Personalbüro

1 *Lösungsvorschlag*

Lager & Logistikpunkt
Tom Mustermann
Anhalter Straße 29
67685 Schwedelbach

Erste Hilfe Verein
Pappelallee 22
98631 Behrungen

Schwedelbach, den 16.06.2018

Bitte um ein Angebot für eine Erste Hilfe Schulung

Sehr geehrte Damen und Herren,

meine Firma Lager und Logistikpunkt in Schwedelbach hat mich beauftragt, eine Schulung für unsere Mitarbeiter im Lager zu organisieren. Ich kümmere mich um den Unfallschutz in unserer Firma. Auf der Suche nach einem Angebot las ich Ihre Annonce.
In unserem Lager arbeiten 8 Mitarbeiter. Bei der Arbeit helfen einige Maschinen, aber die Mitarbeiter müssen trotzdem manche Kiste mit den Händen tragen. Auch sind sie den ganzen Tag auf den Beinen.
Damit es zu weniger Unfällen kommt, möchten wir eine spezielle Erste-Hilfe-Schulung für unsere Mitarbeiter durchführen. Die Schulung soll in den ersten zwei Wochen im Juli 2018 stattfinden. Können Sie uns bitte sagen, wie viel eine Schulung kostet? Gibt es auch einen Rabatt, wenn wir die Schulungen regelmäßig wiederholen?

Ich bedanke mich im Voraus für Ihr Angebot.

Mit freundlichen Grüßen
Tom Mustermann
Unfallschutz-Beauftragter

2 *Lösungsvorschlag*

Elmetawerk GmbH
Frau Mustermann
Paul-Klöcker-Platz 6
97705 Burkardroth

Reisen & Friends
Luftchaussee 78
93549 Zerbstling

29.06.2018

Bitte um ein Angebot für einen Betriebsausflug

Sehr geehrte Damen und Herren,

unsere Firma feiert ihr 20-jähriges Jubiläum und deshalb möchten wir einen Wochenendausflug innerhalb von Deutschland mit insgesamt 25 Mitarbeitern machen. Der Ausflug soll vom 03.08.–05.08.2018 stattfinden. Wir möchten am 03.08.2018 am Nachmittag ankommen. Ich soll den Ausflug organisieren und habe dazu einige Fragen.

Können Sie mir bitte Angebote zu den folgenden Punkten zukommen lassen:
- An- und Abreise im Reisebus
- 2 Übernachtungen mit Frühstück
- ein festliches Drei-Gänge-Menü mit Programm (Unterhaltungsprogramm mit Musik) am Abend des 04.08.2018
- ein Ausflug zu einer Sehenswürdigkeit in der Umgebung
- Essen und Getränke während der drei Tage

Können Sie mir bitte Empfehlungen für Wochenendausflüge, die diese Punkte umfassen, schicken?

Vielen Dank für Ihre Bemühungen.

Mit freundlichen Grüßen

Frau Mustermann
Sekretariat

3 *Lösungsvorschlag*

Von: muster@it-abteilung.de
An: m.aachen@personalabteilung.de
Betreff: Programme funktionieren nicht

Sehr geehrter Herr Aachen,

es tut mir leid, dass Sie Probleme mit den Programmen haben.
Ich versuche, das Problem schnell zu lösen. Leider arbeite ich seit zwei Tagen allein und habe
sehr viel zu tun. Aber heute noch probiere ich, ein neues Update hochzuladen, vielleicht löst es
das Problem. Ich gebe Ihnen Bescheid, wenn das Update fertig ist. Wenn die Programme danach
immer noch nicht funktionieren sollten, schreiben Sie mir bitte noch einmal. Dann kann ich zu
Ihnen ins Büro kommen..
Ich bedanke mich für Ihr Verständnis.

Mit freundlichen Grüßen
Ihr Name
IT-Abteilung

4 *Lösungsvorschlag*

Von: Fensterputzen@flink.de
An: boutique-extra@mode.de
Betreff: Reklamation Fensterreinigung in der Modeboutique Extra

Sehr geehrte Frau Ayala,

für meine zwei Mitarbeiter möchte ich mich entschuldigen. Es tut mir leid, dass Sie mit der Arbeit
nicht zufrieden sind.
Gern möchten wir Ihnen anbieten, dass ich Ihnen zwei andere Kollegen schicke.
Sie könnten nächste Woche am Montag, den 16.07.2018 um 7.00 Uhr vor Ihrer Laden-
öffnungszeit kommen.
Wir möchten, dass Sie unser Kunde bleiben und zufrieden mit uns sind und bieten Ihnen deshalb
einen Rabatt von 20% bei Ihrem nächsten Auftrag an.
Bitte schreiben Sie uns, ob der Termin für Sie passt.
Vielen Dank für Ihr Verständnis.

Mit freundlichen Grüßen
Ihr Name
Auftragsbearbeitung

1 *Lösungsvorschlag*

Ich möchte einen Beitrag zu einem Zeitungsartikel über das Thema „Männer in Frauenberufen" schreiben.

In dem Artikel fragt man danach, ob es die klassische Rollenverteilung noch gibt. Weiterhin wird die Frage gestellt, ob sich Männer Gedanken darüber machen, in einem typischen Frauenberuf zu arbeiten. Man schreibt: Die meisten Männer werden im Elternhaus so erzogen, dass sie später finanziell für ihre Familien sorgen müssen. Man will wissen, ob es diese alte Vorstellung noch immer gibt. Die Aussage ist, dass es durchaus typische Männer- und Frauenberufe gibt. Aber man ist der Meinung, dass sich jeder seinen Berufswunsch erfüllen kann. Außerdem gibt es auch immer mehr Frauen in Männerberufen. Also warum auch nicht umgekehrt? Das wird an dem Beispiel von Abaco Guardado Flores beschrieben. Er wollte Erzieher werden und er hatte einige damit Probleme. Aber weil er unbedingt Erzieher werden wollte, hatte er Ausdauer. Heute arbeitet er als einziger Mann in einer Kita. Alle sind froh, dass er als Erzieher arbeitet. So hat sich sein Berufswunsch erfüllt.

Der Artikel gefällt mir sehr gut, denn ich habe auch schon ähnliche Erfahrungen gemacht. So habe ich einige Männer in Frauenberufen arbeiten sehen, wie z.B. als Verkäufer und Apotheker. Aber auch in meiner Familie gibt es ein Beispiel dafür. Mein großer Bruder ist heute Altenpfleger und am Anfang hatte er es auch sehr schwer. Einige haben ihn sogar ausgelacht. Er wurde gefragt, ob er als Mann keinen richtigen Beruf erlernen kann. Selbst unsere Eltern waren dagegen und wollten ihn nicht unterstützen. Er sollte ihrer Meinung nach einen Männerberuf lernen. Sie dachten auch darüber nach, was die Nachbarn dazu sagen werden. Aber er ist bei seinem Be-

rufswunsch geblieben, keiner konnte seine Meinung ändern. Damals habe ich ihn auch nicht verstanden, bis ich dann einmal bei ihm auf der Arbeit war. Ich habe gesehen, wie viel Freude es ihm macht, alten Leuten zu helfen, wie gut er mit den Menschen umgehen kann. Die alten Leute freuen sich, wenn er da ist. Heute finde ich, er ist mit seinem Beruf glücklich. Ich habe vollen Respekt vor seiner Arbeit und vor ihm.

Dies waren meine eigenen Erfahrungen zum Thema Rollentausch. Meiner Meinung nach ist es gut, wenn Männer oder Frauen den Beruf lernen können, den sie möchten. Manchmal ist es sogar gut, wenn ein Mann, wie bei Abaco Guardado Flores, mit auf Arbeit ist. Auch in manchen Frauenberufen muss man körperlich fit sein, so z.B. als Altenpfleger. Ich bin auch dafür, dass es weiter möglich sein soll, dass sich jeder den Beruf wählen kann, der zu ihm passt. Unsere Welt wird immer moderner. Warum sollten dann Männer nicht als Sekretär oder Krankenpfleger arbeiten können? Ich bin mir sicher, dass Männer auch in Frauenberufen ihren Mann stehen. Ich denke so, weil ich es selbst gesehen habe, als ich wegen einer Blinddarm Operation im Krankenhaus war. Ich war sehr froh darüber, dass sich ein Krankenpfleger um mich gekümmert hat. Das hilft auch Vorurteile abzubauen.

Zusammenfassend möchte ich sagen, dass ich dieses Thema sehr interessant finde. Es lohnt sich auf jeden Fall für jeden von euch, sich genau zu überlegen, welchen Beruf man lernen will, egal ob es ein typischer Männer- oder Frauenberuf ist. Lasst die anderen reden und denken, was sie wollen. Ihr wollt es und solange man mit dem Herzen dabei ist und es Spaß macht, ist es völlig in Ordnung.

2 *Lösungsvorschlag*

Ich habe einen interessanten Artikel zum Thema „Praktikum" in der Zeitung gelesen, darüber möchte ich euch berichten.

Die zentrale Frage zu diesem Thema heißt: Wie sinnvoll ist es, ein Praktikum zu machen? Dazu gibt es verschiedene Meinungen im Artikel. Einmal findet man es gut, weil Erfahrungen gemacht werden können und der Berufsalltag kennengelernt wird. Und es werden auch frühere Einstellungen zu dem Beruf überprüft. Im Gegensatz dazu ist man der Meinung, dass man bei fehlendem Wissen im Praktikum nicht akzeptiert werden kann oder dass das Praktikum zu schwer sein kann. Man geht auch ca. acht Stunden am Tag ins Praktikum und nicht zur Schule. Das ist ganz anders. Außerdem bekommt man kein Geld im Schülerpraktikum. Im Praktikum bekommt man auch Aufgaben, die einem vielleicht nicht gefallen, aber das gehört dazu. Im Artikel wird auch geschrieben, dass man schon vor dem Praktikum klären sollte, welche Aufgaben der Praktikant machen kann und wie das Praktikum ablaufen soll. So kann das Praktikum für die Firma und den Schüler zum Erfolg werden.

Ich finde dieses Thema sehr interessant und möchte euch von meinen Erfahrungen erzählen. So habe ich schon zwei Praktika absolviert. Ein Praktikum im Altenheim und das andere in einer Kfz-Werkstatt. Schon als Kind liebte ich Autos, ich sammelte kleine Spielzeugautos. Ich wollte mit Autos arbeiten. Aber ich sah auch in unserer Familie und in der Verwandtschaft, wie wichtig es ist, anderen zu helfen. Jetzt denkt ihr sicher, oh mein Gott, das ist doch so unterschiedlich. Ja, das sind zwei sehr unterschiedliche Berufe. Aber die zwei Praktika haben mir geholfen, mich zu entscheiden.

Drei Wochen war ich in einem Altenheim zum Praktikum. Ich konnte von Anfang an bei fast allen Tätigkeiten mitmachen. So habe ich Essen ausgeteilt und auch beim Essen geholfen, aber auch beim An- und Ausziehen unterstützt. Bei den Bewegungsspielen war es für mich etwas komisch, ich musste manchmal darüber lachen. Bei der Ausgabe von Medikamenten durfte ich nur zuschauen. Da darf kein Fehler passieren, das wäre gefährlich für die Leute. Es war für mich kein Problem, mit den Bewohnern Kontakt aufzunehmen, da ich sehr kontaktfreudig bin. Ich war kein Fremder für die Leute. Es war sehr anstrengend, aber ich war mit dem Praktikum sehr zufrieden.

In der Kfz-Werkstatt war es natürlich ganz anders. Die ersten Tage durfte ich nur putzen und zuschauen. Da war ich schon traurig. Aber dann habe ich kleinere Aufgaben bekommen, wie z.B. Reifen aus dem Lager holen oder beim Waschen der Autos helfen. Später konnte ich dann auch beim Reifen- und Ölwechsel mithelfen. Und oft habe ich zugeschaut, wenn man mit dem Computer die Fehler im Auto gesucht hat. Das war sehr interessant. Aber es war auch schmutzig. Nach den Praktika habe ich mich für den Beruf des Altenpflegers entschieden, da ich handwerklich und technisch nicht so gut bin. Mir macht auch der Umgang mit Menschen mehr Spaß.

Meiner Meinung nach sind Praktika sehr wichtig, besonders wenn man nicht weiß, was man werden möchte. Dann kann man sich ausprobieren. Ein oder mehrere Praktika können hilfreich sein, zu seinem Ziel zu kommen, da bin ich mir jetzt ganz sicher. Mir hat es geholfen, da ich mich zwischen zwei Berufen entscheiden musste. Ich konnte in beiden Berufen mitarbeiten und weiß jetzt, was ich kann bzw. was ich noch lernen werde. Aber ich habe auch gemerkt, dass bestimmte Fächer aus der Schule wichtig sind. Weil ich in Mathe nicht so gut bin und lieber mit Menschen arbeite, habe ich mich für den Beruf des Altenpflegers entschieden.

Am Ende möchte ich noch sagen: Macht ein Praktikum, wenn ihr die Möglichkeit dazu habt. Probiert euch aus! Ich frage mich, ob die Schüler oder Jugendlichen wissen, wie wichtig und hilfreich ein Praktikum sein kann.